信任营销

华为营销的
底层逻辑和高维打法

李光亮◎著

中国纺织出版社有限公司

图书在版编目（CIP）数据

信任营销：华为营销的底层逻辑和高维打法 / 李光亮著 . -- 北京：中国纺织出版社有限公司，2024.5
ISBN 978-7-5229-1047-5

Ⅰ.①信… Ⅱ.①李… Ⅲ.①通信企业 - 企业管理 - 营销管理 - 经验 - 深圳 Ⅳ.①F632.765.3

中国国家版本馆 CIP 数据核字（2023）第 185622 号

责任编辑：顾文卓　向连英　　特约编辑：郭妍旻昱
责任校对：寇晨晨　　　　　　　责任印制：储志伟

中国纺织出版社有限公司出版发行
地址：北京市朝阳区百子湾东里 A407 号楼　邮政编码：100124
销售电话：010—67004422　传真：010—87155801
http://www.c-textilep.com
中国纺织出版社天猫旗舰店
官方微博 http://weibo.com/2119887771
北京华联印刷有限公司印刷　各地新华书店经销
2024 年 5 月第 1 版第 1 次印刷
开本：880×1230　1/32　印张：10
字数：192 千字　定价：68.00 元

凡购本书，如有缺页、倒页、脱页，由本社图书营销中心调换

营销无定式，底层有逻辑

迪士尼公司创始人华特·迪士尼说："信任是成功的关键。如果你可以得到别人的信任，那么你可以在做生意的时候得到他们的支持，这样你就会非常成功。"

管理学家劳伦斯·彼得说："信任，构建在诚实，互相理解和无私的努力之上，是产生真正利益的根本。"

……

信任是人类活动的重要基础，是社会关系中的硬通货。一个人信任你，你们会成为朋友；一群人信任你，你会成为领导人；客户信任你，就会有合作机会。在现代社会的企业管理中，信任是商业成功的基础。没有员工的信任，团队会是一盘散沙，无法做到心往一处想，力往一处使，去完成共同的目标。没有客户的信任，企业得不到商业合作机会，谈不上发展。曾经有一项调查，结果显示超过80%的人认为信任是他们消费行为的决定因素。

信任是一种简化机制，可以实现心理简化和流程简化，进而极大降低成本，提高效率。一个组织、企业的制度，多半是基于不信任而建立风险规避机制。理论上，制度越多，运行成本越高，效率越低。一个组织、企业内部如果有较好的信任机制，可以极大降低管理运作成本。一个组织、企业对外如果有较好的信任基础，可以极大降低商业交易成本。

作为商业化的企业组织，其对外信任关系反映了社会、合作伙伴、公众对企业的主观评价、心理反应、价值判断，以及对合作交易的意愿程度。企业需要在其商业生态中建立良性信任关系，这种信任关系从根本上决定着一家企业发展的顺利程度和未来高度。

人际关系及日常生活的信任依照由近及远、由亲及疏的方式演进。人际型的信任是在相信对方个人品质、道德行为的基础之上，经过长期深入了解和时间相处才能建立。商业型的信任是相信企业的产品、服务品质，认可企业的一致性组织行为及综合实力，看好其未来发展，在评估风险后依然选择与其合作、交易。企业在商业合作中出现的失败、挫折、冲突等问题，需要从双方无法构建信任、形成共识的角度去剖析根本原因。

任何商业交易的本质都有三个要素：需求、价值、信任。需求是指消费者有购买产品和服务的诉求，可以是功能的，也可能是情感的，可以是明确的，也可以是潜在的；价值是指你的产品、服务和品牌能够为消费者创造价值，这是你的企业存在的必要性；信任则是连接消费者需求和企业与产品，驱动交易发生的助推剂。基于信任的商业合作建立在相互之间通过沟通达成的理解与共识基础之上。所以，营销沟通就尤为重要。企业应该在品牌、产品、服务、销售等方面进行有效的建设和营销，才能不断叠加客户信任。

这些年营销环境发生了很大的改变，在早期的媒体中心化时代，人们普遍因为媒体的权威性而信任某个品牌，所以那时候的品牌如果能在央视上打广告，就代表绝对的实力和品质。到了现在去中心化的环境，人们有更多的渠道获取更多的信息，营销的难度在加大，说服消费者获取信任的难度也在加大。对于消费者来说，在接触到任何营销的时候，心理上的本能反应是抵制，这是人的本性。

营销可以实现消费者对产品的认知和了解，刺激消费欲望的产生，培育销售线索，销售可以实现交易和资金流动。不同的公司对营销的考核重点有所不同，也会因为品牌和产品的发展阶段而不同，有的是考核市场认知度，有的是考核偏好度、忠诚度，也有的是考核线索数量和质量，这些都有其合理性和现实考量。如果我们把消费者旅程拉出来看一下的话，从知晓、了解、熟悉、偏好、欲望、购买、忠诚这一条线来看,营销好像有很多环节,但随着消费者旅程的深入,有一条暗线在发挥着越来越重要的作用,它就是"信任"。"信任"是整个营销链路中的重点,知名度、美誉度、忠诚度等都是驱动信任的方式。

我们可以看到行业里面有各种各样的营销手段,且随着时代的发展还会涌现新的玩法,电视广告、户外广告、数字营销、社交媒体、电商直播等。营销理论不断地迭代刷新,从4P(Product 产品、Price 价格、Promotion 促销、Place 渠道)到4C(Consumer 顾客、Cost 成本、Convenience 便利、Communication 沟通),到4R(Relevance 关联、Reaction 反应、Relationship 关系、Reward 交易回报),从科特勒的营销1.0概念到5.0概念,甚至红极一时的裂变营销、流量池概念,它们的方法和维度都有所不同,但其本质和终极价值一直没有变,就是通过一系列的沟通和活动,让消费者对品牌和产品建立信任,降低交易成本,提高溢价能力,助力公司商业成功。而在这个里面,营销有个根本的底层逻辑,就是建立信任。

结合华为整体的发展历程和品牌营销领域的成功经验,我们可以看到华为的底层逻辑同样也是建立信任。

华为从To B发家,运营商业务尤其强调可信赖,通信设备具有投入大、周期长的特点,客户方不到万不得已不会替换供应商，因为涉及设备替换和搬迁，成本巨大，风险巨大。华为在发展过程中一直特别小心维系着和运营商的关系，力求打造可信赖的公司形象，从产品功能、信息安全、业务边界到企业性质等多个维度。这种可信赖的公司形象的建设一直持续着，并且贯穿到了 To C 时代。

和市面上的大部分讲述华为营销的书籍不同，本书中提到的营销以"Marketing"概念为主，有别于市场和销售的概念。相对于"销售"来讲，"营销"更强调"营"，是沟通的概念，营造品牌与产品的信息场和沟通域，强调针对目标受众，传递与之相符的内容，实现认知覆盖和信任构建，从而为销售和交易达成创造条件。销售更强调"售"，是买卖的概念，强调交易的达成及资金的获取。本书中的营销在某些语境之下涵盖了品牌，在另一些语境之下又是和品牌分开的，具体的措辞和使用方式会根据上下文的内容和语境有一定的变化。

李光亮

目录
CONTENTS

上篇　To B 业务时代

华为营销的几次大转型　|　2
  跟随者阶段　|　3
  挑战者阶段　|　8
  领导者阶段　|　12

挑战者的三板斧　|　19
  展会　|　20
  公司考察　|　36
  样板点　|　45

领导者的三个影响力　|　54
  创使人 IP 与管理哲学　|　55
  企业价值观传播　|　74
  行业领导力营销　|　86

品牌升级　|　100
  价值驱动　|　101
  共享愿景　|　106

　　　　标识焕新 | 117

　　全球化之路 | 121

　　　　华为全球化显著特征 | 121

　　　　华为全球化标志性事件 | 126

下 篇　多元化时代

多元化转型 | 132

　　To B 与 To C 的差异 | 134

　　To C 品牌形成之路 | 136

双品牌：掎角之势 | 145

双旗舰：螺旋上升 | 161

　　P6 突破时尚先锋 | 163

　　Mate 7 突破商务精英 | 166

双驱动：情感与功能 | 170

　　品牌情感营销 | 171

　　产品功能营销 | 179

双突破：硬实力与软布局 | 186

　　硬实力 | 188

　　软布局 | 191

双对标：三星与苹果 | 197

　　与你同框 | 198

　　先你一步 | 199

　　胜你一筹 | 201

全面碾压 | 203
双加持：母体与合作 | 207
　　集团母品牌 | 207
　　对外战略合作 | 213
双促进：中国与国际 | 226
　　中国成功再放大 | 227
　　墙外开花墙内香 | 229
　　价格上的偏爱 | 231
终端店面升级 | 234
伯奈斯式公关 | 240
　　华为公关的职责 | 241
　　"身份证明"的实践 | 251
企业社会责任 | 258
　　企业社会责任的必要性和价值 | 261
　　华为对社会责任的理解与实践 | 263
蚂蚁雄兵之势 | 270
　　坚守岗位的华为人 | 271
　　枪林弹雨中成长 | 275
　　一人一厨一狗 | 277

总　结

一切皆品牌 | 282
　　两个积累 | 285

四个平衡 | 287
　　四个协同 | 292
一切皆信任 | 296
　　导向体系 | 297
　　承诺体系 | 299
　　交付体系 | 300

参考文献 | 303
后　记 | 304

上 篇
To B 业务时代

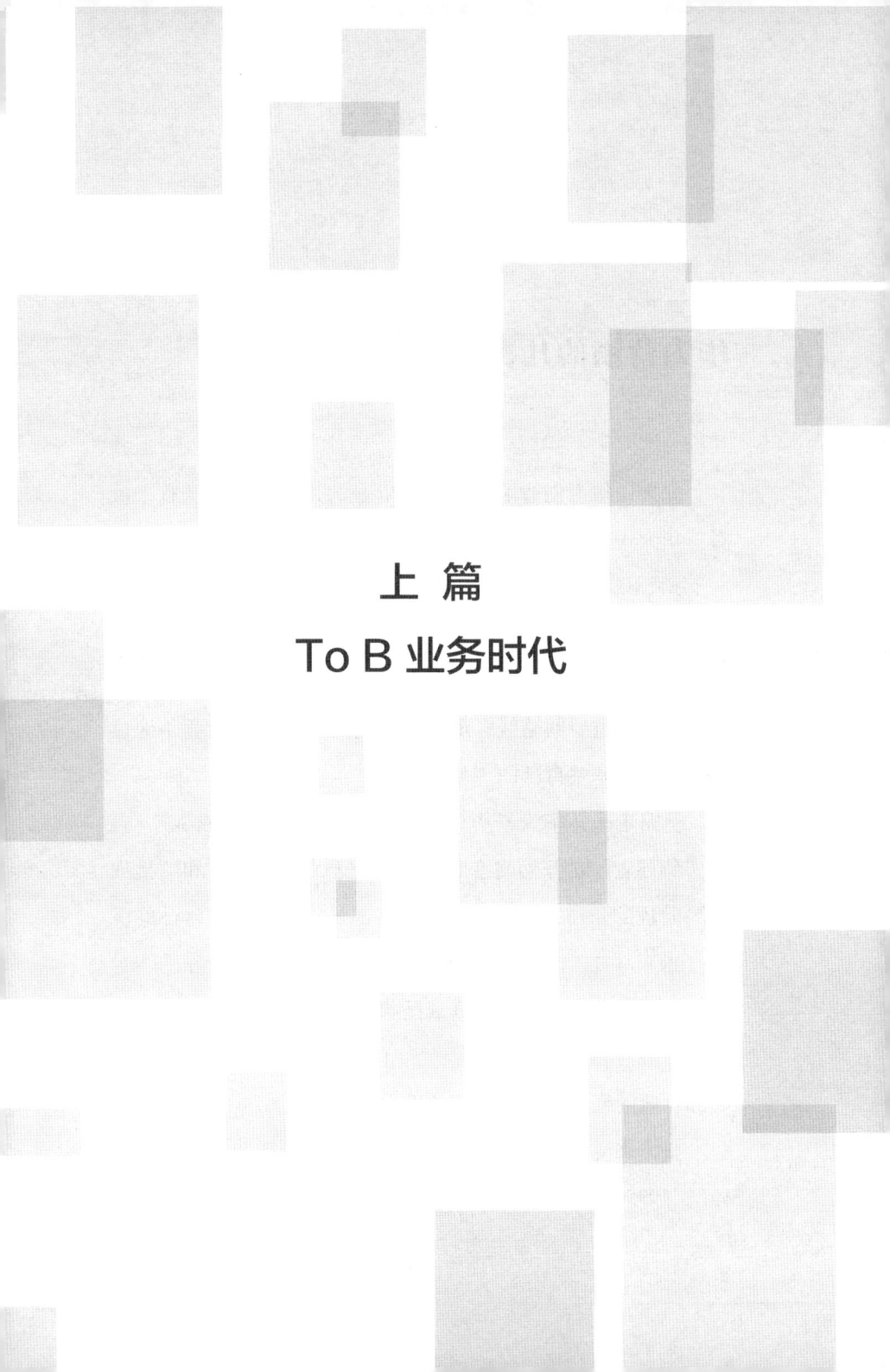

华为营销的几次大转型

如果说华为创造了全球商业史上的奇迹，应该没有人反对。华为用短短的三十多年时间实现了从"一无所有"到"三分天下有其一"。华为在发展历程中，经历了多次战略的调整，有产品和市场的、有管理方式上的、有业务布局上的……这些改变和调整是一条明线，但真正促使这种转型的有一条非常重要的暗线，那就是华为在行业中随着竞争地位的改变动态调整自己的"生产"方式。

一路走来，华为经历了从"跟随者"到"挑战者"，再到"领导者"的华丽转变和升级。处于"跟随者"和"挑战者"阶段的公司，本质的竞争策略都是进攻战，用自己的优势打击对手的弱势，获取机会，抢夺市场。当成为"领导者"的时候，竞争策略会变成防御战，防御战的基本动作是设置护城河和防火墙，同时，为了减少竞争，就需要站在品类和行业的维度找到更广阔的发展空间。

整体来说，1987～1994年属于华为创业初期"求生存阶段"，1995～2004年属于"跟随者阶段"，2005～2010年属于

"挑战者阶段",2011年之后进入"领导者阶段"。

"求生存阶段"攻克市场以销售和客户关系为主,谈不上专业营销。"跟随者阶段"以效仿学习为主,并不具备独特的营销方式。"挑战者阶段"和"领导者阶段"华为的营销越来越成熟和系统化,并已经摸索出了自己独特的营销打法。

本书对华为营销的研究从"跟随者阶段"开始,但重点从"挑战者阶段"和"领导者阶段"展开,分析华为营销的底层逻辑、策略与落地实践。

华为营销发展阶段(集团层面)

		跟随者阶段	挑战者阶段	领导者阶段
业务情况	求生存阶段	做硬件,卖盒子	产品型向解决方案转型	多元化转型,集团化发展
品牌情况		产品型品牌	解决方案型品牌	客户可问计对象,综合型品牌
营销情况		以销代营	以营促销	"营""销"并重
营销特点		以国内To B客户与合作伙伴为主,传统线下方式1对1交流推广	面向全球To B客户与合作伙伴,线下活动为主,通过营销"三板斧"拓展用户,挖掘合作机会	价值驱动品牌升级,面向全球To B客户与合作伙伴、To C消费者,塑造可信赖品牌形象,整合传播创始人IP与管理哲学、企业价值观、行业领导力
	1987~1994年	1995~2004年	2005~2010年	2011年至今

跟随者阶段

这个阶段主要是指1995~2004年,华为以卖硬件产品为主,因当时的产品外形像方形的盒子,公司内部戏称"卖盒子"。这个阶段的华为营销只能算是"草台班子"。

20世纪90年代的中国，人们交流的需求与日俱增，通信产业有着巨大的市场空间，电信设备制造行业有着丰厚的利润。再加上当时中国电信业的落后，设备提供能力的空白，使得国家把提升电信业的技术水平作为发展重点。

了解华为的都知道，创立于1987年的华为，前两年是从代理做起来的，主要代销香港的产品，靠信息和价格差快速获利，经营范围有小型程控交换机、火灾报警器、气浮仪开发生产等。后来洞察到了电信市场未来的巨大潜力，开始投身通信设备的研发和生产。

我国的电信企业起步较晚，发展历史都不长，都是随着改革开放的进程而发展的。历史比较久的企业，一般在20世纪90年代末或21世纪初创立，最多也就是二三十年的发展史。华为相对于世界巨头来说，在各个方面都有较大的差距。那么，华为通过"向竞争对手学习""向业界第一学习"，采用跟随方式逐步发展和壮大自己是一个比较好的战略，这一战略使得华为少走了很多弯路，极大降低了不确定性，从而实现了快速发展。

1995年C&C08数字程控交换机是开创华为历史的产品，推向市场之后取得了巨大的成功，也带来了丰厚的利润，自此也开启了以单点产品实现突破的商业旅程。这段时间，华为凭借的是有竞争力的产品、优惠的价格，以及无微不至的售后。

1998～2000年，美国以计算机和网络为代表的科技股急剧升温，很多这方面的领头羊公司市值上升数倍，其中思科增长了近6倍，微软增长了2倍，甲骨文公司增长了9倍，大批因特网公司迅速成长为市值百亿美元的大公司。然而，到了2001年第一季度，纳斯达克指数暴跌至2000点这一心理关口以下，这标志着以美国为主的IT泡沫破裂了。微软、思科、朗讯等公司受到重挫，IT产业全面下滑。在这个过程中，中国的通信及IT行业同样受到影响。

为了度过寒冬，2001年10月，华为以超过净资产400%的价格，约7.5亿美元，将电源部门（又叫华为电气）这一非主航道业务出售给美国艾默生电气公司，换取了充足的现金流以反哺主航道业务。

当时的华为面临整体经济环境的下行，同时叠加了3G的巨量投入短时未见回报等多方面因素，面临着生存的困境。

2002年华为维持多年的高速发展势头被中止，业绩开始下滑，首次出现了负增长。还好有现金流支撑，华为趁着欧美通信行业的下行，顺势打入欧美市场。这也为以后的国际化道路和下一个时代的来临奠定了基础。

虽然经历了2002年的挫折，但整体来说，从C&C08交换机成功之后的1996～2004年，是华为高速扩张的时期，也被称为"二次创业阶段"。华为凭借自身产品优势占领了国内市场，成为国内最具竞争力的通信设备制造商，与巨龙通信、大唐电信、中兴通讯一起被称为中国通信制造的"巨大中华"。但是，此阶段的华为主要是产品和市场销售的成功，还没有太多系统的营销概念和打法，整体上属于"以销代营"的阶段。当时的市场组织叫行销，手法相对比较简单，通过建立一对一的客户关系，把产品销售出去。在和客户沟通的时候以推销产品功能多、性能强、价格便宜等信息获取认可和交易机会。

华为的起点特别低，它是一个真正的草根逆袭的企业。早期的华为一无技术，二无人才，三无资金，除了寻求差异化的产品竞争力之外，拓展市场的法宝就是客户关系能力。这个阶段的华为，营销以做客户关系为主，能力建设更多的是侧重于销售侧，而非真正的营销专业维度。

值得一提的是，在早期，虽然没有专业的营销和品牌建设的意识与规划，但华为对口碑极其重视，毕竟获得客户的信任和满意才是最重要的。

华为在服务上要比同期的友商付出的多很多。一方面，To B 的产品都比较复杂，需要售后支持，出了问题之后需要及时的保障。另一方面，这里面也有不得已而为之的因素。华为早期的产品无论是从功能上还是稳定性方面，与头部厂商都有明显的差距，需要通过服务来弥补产品的不足，从而让客户放心。客户那边出现问题后，华为往往会在第一时间响应，碰上难解决的问题，华为会派一群人前往解决。这种方式和态度慢慢地在客户心目中产生了好感与信任。相比之下，西方的巨头企业在反应和态度上则没有这么积极和谦逊。跟华为在一个机房干活的头部厂商的工程师，一到下班时间就收拾东西走了，而华为工程师还在埋头苦干。

这里面也有经营成本方面的因素。欧美头部厂商的人力成本远远高于华为的人力成本。华为的工程师可以拿相对低的工资，住便宜的招待所，顿顿吃方便面，睡机房。而跟华为在同一个客户那里出差的竞争对手的工程师，住的则是当地最高档的宾馆，拿着欧美水平的工资。据当时的数据显示，华为研发部门的人均费用为2.5万美元/年，而欧洲企业研发部门的人均费用为12万~15万美元/年，是华为的6倍。华为研发人员年均工作时间大约为2750小时，而欧洲研发人员年均工作时间为1300~1400小时，人均投入时间之比为2∶1。因此，华为在产品响应速度和客户服务方面反应较快，这是其能以弱胜强的核心优势，也让华为在交付成本和交付效率方面形成了良好的口碑。

华为的这种做法在欠发达的国家和地区非常有效，这类地方多属于关系型社会，从心理上和习惯上，都会优先考虑"态度"，态度体现的是人情味，而并非西方提倡的一板一眼的"标准化作业流程"。所以，早期的华为采用"农村包围城市"从欠发达市场突破的战略路线是非常明智的，不仅考虑了自身产品存在的问题，也匹配了市场竞争环境和当地文化属性。这种差异化的以客户为中心的服务精神也一直传承着，甚至演化成了华为人的一种特质和公司文化的核心之一。

任正非曾经这样描述华为早期的成功："华为的产品也许不是最好的，但这又怎么样。什么是核心竞争力？选择我而没有选择你，就是核心竞争力。"一语道破了客户关系的价值。

挑战者阶段

这个阶段主要指 2005～2010 年，华为从产品型公司向解决方案公司转型。这段时间，可谓是华为发展历程中最重要的商业转型阶段，从此奠定了华为长足的竞争力和不可撼动的行业地位。

商业模式转型

2004 年，华为全球销售额 462 亿元人民币，其中国际销售额 22.8 亿美元，占总销售额的 41%。业务范围不断扩大，不仅在发展中国家取得了长足发展，在发达国家也取得了实质性的突破，成为世界电信运营商前 50 强中的第 22 位。此时的华为和百年通讯巨头爱立信相比，销售规模向爱立信逐渐靠近，但人均利润还有很大的差距。华为在商业模式、企业管理及品牌营销等多方面和爱立信存在较大差距。

未来，在和爱立信这样领先企业的较量，不只是产品和市场销售的较量，而是综合实力的较量。华为需要优化商业模式，全面提升企业综合竞争力。

华为认识到了这一点，并启动了一系列的变革，2005年到2010年属于华为商业模式变革期。

进入新发展阶段的华为致力于做客户可问计的对象，秉持以客户价值为导向，在了解客户诉求和痛点的基础上，从卖"盒子"升级为卖"解决方案"，从单一的"自夸式营销"升级为顾问式的"价值营销"。

在这一阶段，华为不再是简单地卖通信设备，不再是一味地强调产品性价比和快速执行的方式，而是努力转型为电信解决方案供应商。在这个过程中，华为也经历了多次大的组织架构调整。公司商业模式和业务的转型，会带动产品、销售、营销和品牌建设等方方面面的转型，只有各业务领域转型成功了，公司才能实现整体的转型成功。其中，营销和品牌的转型与升级在这一阶段扮演着举足轻重的作用，这一点，从营销组织的职责与定位的变化中便能看出。

从重点客户关系到普遍客户关系

在华为发展前期的跟随者阶段，华为采用关系型营销和销售的方式，核心是去攻克客户关键决策者，希望他们认可华为，认可华为产品和服务。但这种方式很难做大，甚至越到发达市场阻力越大。运营商业务要使用的通信产品涉及很多平行部门，也需要上下统一的认知，高层决策者不一定了解技术和执行的具体情况，在决策的时候需要综合评估各层级的意见。对于华为来说，其产品和服务需要过五关斩六将之后才有可能达成合作。因此，普遍客户关系就显得尤为重要，即从重点客户关系建设到普遍客户关系建设，得到技术层、总监层、C-level层的全面认可，获取更广泛的实力和价值认同。普遍客户关系意味着覆盖广、投入大，传统的一对一客户关系建设方式会面临巨大的成本压力和较低的效率，这种情况之下，就迫切需要更加高效的方式。

在这个阶段，华为在面向一线作战的界面通过实战和总结形成了一套业界知名的"铁三角"模式，即"客户经理＋解决方案经理＋交付经理"绑定在一起的"地面作战部队"，而营销则被定义为"空军作战部队"，以系统化的作战方式、通过高纬度和广度轰炸，营造良好的商业环境和客户认知，助力销售和商业合作。从这一阶段开始，华为的营销开启了精兵作战方式。

碗里的、锅里的、田里的

2005年，华为成立战略与MKT（Marketing简写）体系，下设战略规划部、公司品牌部和全球Marketing部，其中战略规划部下面设立有解决方案管理部，负责强化解决方案的规划与管理。

针对战略MKT的工作，时任战略与MKT总裁的徐直军提出要"关注碗里的、锅里的、田里的"指导思想。

"碗里的"是指成熟业务,这是收入与利润的主要来源,是眼前的、实实在在可销售的,是产品行销负责的事情;"锅里的"是指增长业务,这是市场增长和扩张机会的来源;"田里的"是指未来的机会点、新的产品与解决方案组合、新的市场等。那些华为还没有进入的市场和运营商就是属于"锅里的"和"田里的",是营销的重点。

在新的组织架构设计下,营销的定位是以客户需求为导向的龙头组织,通过转变思维模式,转变观念,站在客户角度思考问题,提出需求,从而引导产品研发。

以营带研,以营促销,为销售赋能

2007年徐直军在市场大会上强调,营销体系要"去粗取精,去伪存真,由此及彼,由表及里"。其核心职责是深刻理解客户需求,给出高质量的解决方案,确保研发"做正确的事",并组织实施,保障解决方案成功上市,实现目标客户突破,持续扩大可销售空间。

这期间,公司顶层达成了明确战略与MKT体系需要对公司的解决方案竞争力负责的共识,战略MKT要担起新解决方案孵化的职责,要把华为公司从一个以产品销售为主的公司转变成为一个以解决方案销售为主的公司,以营带研,以营促销,营销为销售赋能。

> **以营带研**：指营销要深度洞察行业发展趋势，紧盯竞争对手，深刻理解客户需求，为解决方案研发提供高价值的输入和指引。
>
> **以营促销**：指营销通过对行业的深度洞察和理解，传递可信赖的专业信息，站在更高维度与客户对话，引导客户认知，进而创造销售、合作机会。
>
> **营销为销售赋能**：要求营销深入了解客户诉求和痛点，清晰地传递解决方案的价值点与友商的差异点，将解决方案的关键内容和应知应会赋能给一线销售人员，变成销售人员的作战武器。

领导者阶段

这个阶段主要指 2011 年之后。华为财报数据显示，华为 2011 年度全球销售收入为 323.96 亿美元，和爱立信的 332.2 亿美元（2269 亿瑞典克朗）全球收入仅一步之遥。虽然从营收上仍处于行业第二名水准，略逊于爱立信，但在净利润上则稍领先于爱立信，居行业之首。

2012 年，通信设备商都遭遇"寒冬"，作为龙头老大的爱立信也受到影响，华为却仍保持着增长的韧性。财报数据显示，华为 2012 年全球销售收入 2202 亿元人民币，净利润

153.8亿元人民币,而爱立信2012年营收为2278亿瑞典克朗,净利润59亿瑞典克朗。折合美元计算,华为2012年营收已超过爱立信,成为全球最大的电信设备商,从此坐上了通信设备行业头把交椅。从挑战者成为行业领导者,这对华为来说是一个历史性的跨越。

在行业中所处地位不同,就需要不同的战略,需要在商业模式、研发、产品、市场、品牌营销以及管理等多个维度做转变。

2011年,华为做了很多调整与变革。在战略布局和业务架构上,华为从电信设备制造领先供应商,转型为ICT融合领先供应商。在客户方面,从原来以面向电信运营商为主,到面向电信运营商、企业客户、个人消费者并重。在企业治理上,披露了全球化的发展策略,确定了轮值CEO制度和BG(Business Group)运作模式,并从集中管理运作机制转变为授权管理运作机制。

2011年,华为在全球范围内部署资源,进行人才和战略的投资,增强研发能力,以面向未来的业务架构和管理架构,构建企业长远发展的基础。

这一切调整,都与行业竞争地位和角色转变相关。领导者需要敢于担当,敢于带领行业一起开拓更大的空间,找到更多机遇,而不是"守老本,吃老本"。企业作为挑战者时需要和行业头部玩家分食市场,而作为领导者则需要探索更多未来发展空间，聚合行业伙伴一起做大产业蛋糕。在这个阶段，营销也承担起了新的历史使命。

企业竞争越来越激烈，只有深刻理解客户需求、能够持续为客户创造价值的企业才能生存得更加长久。如果说处于挑战者阶段的华为需要站在客户的角度思考问题，那处于领导者阶段的华为则需要站在行业角度思考问题，甚至要比客户还要理解客户的痛点和行业发展趋势，要做运营商客户可问计的对象，从而能够提供具有创新性的产品和引领性的解决方案，带领行业健康发展。

2011 年，战略与 MKT 体系组织再次调整，直接在战略与 MKT 体系下面设立全球解决方案 MKT 部，向战略与 MKT 总裁汇报。全球解决方案 MKT 部下面设有公司品牌部、商业咨询部、解决方案管理部、解决方案营销运作部和解决方案战略规划部，进一步体现了华为对解决方案的重视。

2011 年，当时负责战略 MKT 的余承东提出要"在更高层面上做生意"的理念。如何在更高层面上做生意？首先是自己要开启行业视野，把洞察做深，看清行业、看清客户，然后围绕客户做顾问、做解决方案、做营销，牵引市场需求，甚至去主动探讨和影响产业政策。

一直以来，华为内部对营销的价值存在不同的声音，营销的工作也一直未融入公司的主流程里面，直到 MTL（Market to Lead，市场到线索）流程的启动。MTL 是华为做的又一个企业管理方面的一级流程变革，它衔接的是 IPD（Integrated Product Development，集成产品开发）流程和 LTC（Lead to Cash，线索到现金）流程的重要环节。简单地说，产品经过 IPD 流程开发出来后，要推向市场，通过各种营销活动让客户熟悉产品，并且获得客户需求、购买、招标等线索，这个阶段就是 MTL 流程发挥价值的地方。经过 MTL 产生的线索后面转到 LTC 流程，LTC 负责把客户线索转化成合作交易，最后获取现金，落袋为安。

MTL 流程的引入填补了华为主流程体系中营销流程的空白，MTL 既解决了 IPD 与 LTC 衔接的问题，又解决了"营"和"销"脱节的问题。MTL 使华为建立了正确的"营"的理念、方法论，让我们重新认识了 MKT 的价值，同时也让营销的工作可以更好地被度量。MTL 教会了华为在市场细分、关键客户选择、关键市场选择、营销手段、营销模式、营销资料以及线索管理等方面如何去做。MTL 变革给企业的营销工作带来了质的转变，让企业更加清楚地知道应该构筑什么样的组织、培养什么样的能力、怎么去真正地提升品牌，以促进销售线索的生成并最终扩大销售。

2015 年，徐直军强调用 MTL 构筑"营"的能力，支撑公司运营商和企业市场长期发展。MTL 解决了企业面向新的市场、新的领域如何去创造和发现线索，再基于线索孵化出新机会的问题。从此，华为从以"销"为主，转变为"营"

和"销"并重,只有"营"做好了,"销"才能够更加有的放矢,发挥最核心的价值,让销的工作更聚焦、更高效。

MTL 的逻辑

MTL 从流程上分为几个关键环节:

(1)市场洞察(Market Insight,简称 MI)。是深入了解市场、了解客户的途径,包括行业发展趋势分析、市场空间和增长性分析、竞争环境分析、客户需求分析等,甚至需要把市场做不同维度的细分,找痛点、找机会点、找增长点,为后面的战略规划和市场管理提供客观的输入。

(2)市场管理(Market Management,简称 MM)。通过相应的模型识别细分市场,基于市场的实际可发展空间和自身能力,从市场突破、扩大份额、引导投资等角度确定目标细分市场的选择,结合自身长远战略意图进行市场规划。同时,基于客户的需求和痛点,规划有竞争力的解决方案、营销策略和上市计划。

(3)联合创新(Joint Innovation,简称 JI)。基于客户需求和行业痛点,深度卷入客户,可以通过联合创新实验室、共研等方式一起寻找解决方案,把供应商与客户的买卖关系升维到价值同盟关系。

（4）销售赋能（Seller Competence Enablement，简称SCE）。对销售人员进行培训赋能，加深他们对行业的理解、对客户需求和痛点的理解、对产品与解决方案的理解，提升专业技能，帮助销售人员识别机会点，使他们在客户面前可以展现产品与解决方案的价值主张和竞争力，传递统一的公司形象，获得客户的信任，从而获取销售商机。

（5）需求激发（Demand Generation，简称DG）。通过规划并执行系列营销活动，激发客户购买意愿，从而为公司的产品、服务或解决方案生成销售线索。通过营销活动传递企业品牌精粹、价值主张等关键信息，并在客户认知的不同阶段中与客户互动，让客户了解企业的竞争优势。DG既可以生成新的销售线索，又可以推进机会点向订单的转化，提升客户对企业的品牌认知。

（6）在以上几个关键环节之外，还有一个营销质量管理（Marketing Quality Assurance，简称MQA）的角色，负责整个流程中的质量把控，确保规范化运作，以达到预期效果。

简单地说，MTL的主要作用是理解客户、培育市场、牵引研发、生成线索、打造品牌、促进增长。

然而，MTL 的推进并非一帆风顺，甚至在不同的 BG 之间起到的作用差异很大。相对来讲，MTL 更适用于 To B 市场。在 To B 市场中，和一般企业业务相比，运营商业务的行业门槛更高、To B 属性更重、决策链更长更复杂；加上对传统的一对一客户关系模式的依赖，所以 MTL 在运营商业务中发挥的作用比一般企业业务会弱一些。因此，在落地的过程中，MTL 在华为 EBG 企业业务中的实践更加顺利，效果更显著。

挑战者的三板斧

华为在拓展海外业务的阶段,面临着诸多挑战。首先,在品牌归属国层面上,当时的中国制造国际认可度并不高;另外,华为的名气和认可度也不高。

在全球化发展初期推广自己的道路上,华为针对这一情况采取了"走出去,请进来"的策略。一方面,通过事件活动的方式把产品、解决方案、服务带出去,让更多的人看到华为、结识华为;另一方面,邀请客户到访中国、认识深圳、考察华为,了解华为的实力。华为在这方面投入了巨大的人力、物力、财力,也收获了非常显著的效果,极大地提升了华为的知名度、可信度,在这个过程中也顺带着宣传了现代化的中国和国际化的深圳。

在众多营销方式中,展会、公司考察和样板点被公司内部称为"营销三板斧"。

信任营销
华为营销的底层逻辑和高维打法

```
                    展会
                "走出去",让更多的客
                户看到华为,结识华为,
                拓展客户,挖掘需求

                      △
                   营销
                   三板斧

   公司考察                          样板点
"请进来",让客户全                   让客户深度体验公司产
面深入接触华为、了解                 品/解决方案真实应用
华为、信任华为                       场景,建立深度信任,促
                                    使合作达成
```

展会

展会是营销常用的方式之一,展会期间客户数量多,且非常集中,参展的公司可以借助大会主办方的影响力邀请客户对公司的情况和产品做了解,甚至可以借机把别的商家的客户拉到自己展台上进而变成自己的客户。早期的华为知名度比较低,更谈不上广泛的认可度,在客户邀请上面很难邀请到高价值的客户,因此华为就通过广泛参加行业展会去推广公司和产品,寻找线索,以期促成长期合作。华为的展会营销经历了三个阶段。

1. 广泛参与阶段

这个阶段的华为筛选了行业里各业务领域的展会,能参加就尽最大可能参加。扩大知名度,寻找客户。

2005年,当时全球水平最高、规模最大的计算机通信网

络及技术展览会 CeBIT 在德国汉诺威举办。华为参加并展出了包括光网络、数据通信、电信增值业务、手机终端和多媒体等全方位"端到端"的电信设备和解决方案。华为展示了业界速率最高的 HSDPA（一种基于 3G 的无线接入技术）高速数据业务，速率达到 14Mbps，是当时业界唯一可以做到该速率的厂商。极具竞争力的产品和解决方案向世界证实了"中国力量"。通过这次展会，华为赢得了德国网络服务供应商和电信运营商的合作大单。

新鲜的中国厂商面孔加上有竞争力的产品刷新了很多西方客户的认知。类似这样的案例还有很多，华为也从展会中找到了快速建立客户关系的营销方式，并不断加大在营销方面的投入。

2006 年，号称信息通信界"奥林匹克"的世界电信展首次移师香港，来自 40 多个国家的 600 多家厂商齐聚一堂。爱立信、北电、思科、微软、摩托罗拉、西门子等纷纷加入，华为以"定制・伙伴・价值"为主题，展示全新的系列产品和解决方案。根据以往的经验，华为发出的邀请成功率并不高，所以在这次展会初期的准备阶段，华为还是抱着和以往一样的心态，并没有指望真的能有多少客户会参加。然而，这次却非同以往，受邀客户纷纷回应，甚至有很多客户主动联系华为表达参展意愿。

突然增加的客户量让华为有些措手不及，给华为的接待带来了极大的考验，为了安排好客户的商务行程，华为接待团队通宵达旦地寻找酒店资源和车辆资源。香港毗邻华为的总部所在地深圳，这些从全球各地飞到香港参加展会的客户都是非常宝贵的资源，华为绝对不会浪费这样的资源和机会，因此趁机大规模地邀请客户在展会结束后去参观华为的深圳总部。一通操作下来，客户无不被华为灵活机动的组织服务、无微不至的接待服务、创新的产品解决方案和强大的总部基地震撼到，自然也就为下一步合作创造了良好的开端。

华为展会营销的方式屡试不爽，随着华为的名气越来越大，邀请客户的难度越来越小，邀请的客户层级也越来越高，C–level 的客户占比也越来越大。逐渐地，华为意识到，并不是所有的展会华为都需要参加，也并不是所有的客户都需要邀请，于是开始聚焦，做减法。

2. 优中选优阶段

华为参加的行业展会越来越多，各业务线都有一些和自己相关的展会需要参加，华为营销部门的年度规划几乎变成了展会规划，密密麻麻的展会排满了全年。

然而客户资源是有限的，很多客户每年会接到甚至参加好几个华为的展会，甚至有些展会在同样的时间不同的地点，产生了严重的内部争抢客户资源的情况。彼时，华为对营销工作的衡量并没有统一的标准，到了年底的时候，总结的往往是参加了多少个展会、邀请了多少个客户这样的数据，但营销工作对业务开展和项目推进产生了哪些真正作用，并没有直接的数据呈现。

在经过一个阶段的复盘总结之后，大概在2012年，随着公司集团层面的组织变革，品牌营销方案也做了调整，并提出了更精简的策略：在集团总部层面对公司所有的事件活动做评审，能砍则砍、能并则并，筛选出行业中最有影响力的、每个业务必须参加的展会，分层分级管理。如公司级的世界移动通信大会（Mobile World Congress）、无线产品线的用户大会、中国区的北京通信展等。自此，华为开始聚焦在关键的事件活动上，一方面借助第三方大会的影响力，举办策划展中展、会中会等，另一方面则集中精力打造自己的展会IP，如华为全联接大会、全球分析师大会等。

3. 打造行业影响力阶段

随着华为影响力的提升，华为的客户邀请能力越来越高，在行业中的话语权也不断攀升，此时的华为越发聚焦，将公司层面的精力集中在少数的几个极有行业影响力的展会上。其中，不得不重点提一下世界移动通信大会。

世界移动通信大会由世界移动通信协会（GSMA）主办，最早于1995年在西班牙马德里举行，之后主办地曾一度移至法国戛纳，从2007年开始又回到西班牙巴塞罗那，一直持续到现在。行业内把世界移动通信大会简称为"巴塞罗那展"或"巴展"。

巴展之所以重要，一是因为巴塞罗那展是通信行业界的盛典，权威度极高，号称通信界的"奥运会"，影响力渐超前面提到的世界电信展；二是因为巴塞罗那展对于华为来说，绝不仅仅是一个展会。

展会只是一个载体和形式，更重要的是通过展会展示实力、巩固客户关系、挖掘商机甚至是提升能力。华为通过巴展这种外部的重大营销活动，反向梳理了内部的运作方式。在顶层的方法论和模式设计的牵引下，结合巴展的实践，华为逐渐实现了营销能力提升、内容策划的转型（由以我为中心的内容策划逻辑转型为以客户为中心）和作战方式的转型（由以部门和产品线为维度的烟囱式作战组织转型为以解决方案为主的纵横结合的作战组织）。

（1）实力的秀场：每年的巴展，各厂家会把最先进的，最能体现公司实力的产品、技术和解决方案拿出来吸引客户。同时，每家企业的展台面积、设计和商务策划都在尽可能地体现企业的实力。另外，GSMA作为巴展的主办方，每年都组织评奖活动。面对来自第三方权威机构的奖项，华为分外重视。为了能够获取奖项，公司在会前很早就成立奖项攻坚团队，研究奖项评选政策，制定相应的评奖策略和详细的执行方案。在2017年的巴展上，华为可谓是拿奖拿到手软，To B业务一举拿下7个大奖，几乎将上报的奖项全都拿下。在这些奖项中包括GSMA首次颁发的5G相关的奖项"从LTE

演进到5G杰出贡献奖",这也是通信界公认的最高荣誉。另外,消费者业务也毫不示弱,华为P10系列在巴展期间获28个奖项,华为WATCH 2获19个奖项。获奖的华为团队仿佛是学霸归来,手上捧着沉甸甸的奖杯,脸上洋溢着无比自豪的表情。2017年的巴展,华为所获奖项数量突破了历史纪录。

(2)高层对话的平台:得益于GSMA的权威性和影响力,巴展是行业中参会人员C–level占比最多的一个展会,全球各大运营商的高层基本都会参加。这对于通信设备供应商来说是绝好的接触机会。这些高层客户平时非常难约,巴展无疑提供了一个很好的契机:通过展会的方式邀请客户参观展台、了解公司产品与解决方案,通过会谈和商务宴请的方式加深客户关系、增进信任。另外,华为也会结合行业趋势,特别策划一些热门的话题供交流探讨,并在展会上公开发表自己的观点和研判,打造思想影响力。

(3)转型的实验场:MTL营销转型需要在具体的营销工作中进行验证。根据MTL的要求,营销活动需要收集线索,线索的数量和质量是衡量营销活动是否有效的关键指标,巴展就担当了首次实验场的角色。另外,华为在做解决方案转型的过程中,要求内容的策划和展示应该以用户为中心,关注客户的关注,以Solution Topic做每个领域的主题并开展策划,把解决方案和产品融入进去。这样既可以抓住客户的兴趣点,也可以把自己的解决方案和产品的价值更好地展现出来。另外，巴展举办的时间恰好是每年年初。这个时间点也非常适合与年度规划结合起来，当作一年规划的首度试验田。经过精心打磨和严苛审核的解决方案、展示方案及营销物料等内容在巴展的战场上历练过之后，可以作为一年规划的指引，物料和内容可以直接应用到公司展厅及其他营销活动中。这样一来，既在一定程度上做到了较好的统一，也实现了"一菜多吃"的效果，减少了投入。

（4）能力提升的平台：参加巴展也是一个开眼界、向世界优秀公司学习的绝佳机会。华为很多营销能力也是在不断的学习中提升的。在参加巴展的前几年，华为的广告投放没有三星好，展位没有爱立信好，展台搭建和内容设计也和国际顶级企业有很大差距，华为不会放过这个绝佳的学习机会。还记得在2010年的时候，我和公司领导同乘一辆车，从住宿酒店去展馆的路上，看到标志性建筑以及展馆门口三星的巨幅广告，领导不禁感慨华为在营销方面的差距。于是，他让我们专门把三星、爱立信等几个有代表性的企业全方位地研究一遍，看他们如何选址、如何设计文案，作为后面提升的参考。在随后的几年里，华为无论是展台策划、接待交流，还是户外广告的选址投放，都有明显提升。巴展对于公司来说既是一个练兵场，也是一个提升能力的平台。

（5）行业情报的收集地：巴展期间各家会使出浑身解数展示公司实力和最新的产品、技术、解决方案。一方面，各厂家需要广而告之，尽可能让更多人尤其是潜在客户知道自己的新"货"；另一方面，还需要防备同行了解太多。所以在展台上展示的内容只是"戴着盖头的新娘"，经过展台的交流之后，企业会判断吸引来的是真客户还是假客户，对于有价值的真客户，会邀请到 VIP 会谈室进一步细聊。对于做洞察的行家来说，就需要借此机会透过现象看本质，了解友商整体策略的调整、产品与解决方案的发展情况等。

从另一角度说，巴展对于华为来说不只是一个展会，因为除了"展"之外，还包括很多其他内容和策划。

（1）展：这方面是最重的部分，承担着呈现公司实力和产品与解决方案竞争力的重任。展区绝大部分的空间被产品与解决方案的展示占用。在这里你可以看到公司最新的产品和解决方案，以及公司最新的理念和洞察思考。To B 业务的展示空间会根据不同层级的客户设计几条固定的参观路线，如 CEO 的参观路线、CTO 的参观路线、技术总监的参观路线是不同的，客户经理和讲解人员会结合客户的背景和关注点展开有针对性的介绍。为了让来访客户能深刻地了解和感受到这些产品与解决方案的特点，公司会采用最新的展示技术辅助呈现。为了保障效果，华为会在展会前做预搭建，提前把控风险，对于不符合预期的地方也有时间做调整优化。相对而言，To C 业务的展示就简单很多，以新产品陈列和体验为主。

（2）会：巴展主办方会在展馆安排大的峰会，邀请行业内有影响力的人做主旨发言。对于厂家来说，这是展示影响力的机会，可以借助大会的平台把公司的价值主张及观点传递出去，进而起到影响行业朝着对自己认为正确的和有利的方面发展的作用。此外，华为还会在展馆之外的酒店安排自己主办的论坛，可以把自己的行业判断、解决方案等内容全面、体系化地传递给高价值客户。后来，随着消费者业务的壮大，华为在巴展的前两天增加了新品发布会，借势媒体资源以提高行业关注度。

（3）谈：不管是展区的展示还是论坛上的宣讲，都是针对行业普遍问题，具体到每一个客户身上，会有很多差异。华为在展台、论坛旁边会专门安排 VIP 洽谈区，一般到了谈的环节，就不是泛泛地交流了，公司会结合客户情况输出定制化的材料，进行有针对性的沟通，在沟通中进一步了解客户痛点和需求，为下一步给出针对性的解决方案做输入。

（4）宴：商务宴请是软实力的体现。早先的几年，华为会选择酒店宴会厅举办宴会，以表谢意。宴会的策划强调特色，在酒店举办宴会可发挥的空间有限，后来华为经过多方面努力拿下了巴塞罗那几个极具地方特色的场地，如国家宫、Liceu 大剧院、高迪之家、米拉之家等。精心策划的主题、具有人文气息的场地配上精彩的节目，让客户完全忘记了是在参加科技企业的活动，客户在享受视觉、听觉、味觉盛宴之后，无不被华为的精心策划和综合实力所折服。

单纯的事件影响力和影响范围是有限的，它需要传播放大。营销传播讲究的是在对的时间，把对的内容通过对的渠道传递给对的人。早些年华为巴展的传播比较粗放，后来随着营销意识的加强和数字营销的兴起，巴展的传播越来越精细化，开始以内容和受众做牵引开展传播的策划和传播渠道的选择。华为巴展具有受众面窄、时间集中、业务繁多等典型特征，华为在传播的时候则给予了充分的考虑和规避。

（1）To C To B 的传播：传统的思考逻辑是，我要传播的内容只针对客户做传播，但客户并不等于用户。To B 的客户在做决策的时候需要充分考虑到用户的需求和用户价值，比如在运营商业务中，华为的客户是中国移动这样的运营商，而实际的用户是使用中国移动服务的大众。华为采取了 To C To B 的传播逻辑，即充分理解用户，从用户的角度表达，让客户感受到切实存在的需求，然后再从客户的维度把业务痛点及价值呈现出来，进一步打动 To B 客户。

（2）多波段传播：巴展的内容比较多，时间高度集中，各厂家都在这一时间段发布，所以会互相争抢媒体资源、争抢客户的注意力。华为自身的内容也很多，也会出现自我争抢资源和注意力互相影响的情况。为此，华为尝试在巴展正式开始之前举办媒体预沟通会，把巴展上涉及的内容和媒体做些预热，让媒体提前吸收，也可以提前报道。提前的时间不宜太早，也不宜太靠近巴展，一般会选择提前两周左右。

为了能最大限度地邀请到更多的媒体，华为会考虑在欧洲为预沟通会选址，毕竟世界主流的媒体资源多集中在欧洲国家。在巴展展期结束之后，传播工作并未停止，而是继续针对一些热门话题、重点解决方案和产品做持续传播。这样下来，在整个巴展周期内，可以努力实现三个波峰的传播效果：前期以预热为主，展期以及时播报为主，后期以深度解读为主。

（3）One Team，One Voice：会前项目组会定义每届巴展的传播框架和关键信息，确保大家谈及一个事情的时候不会出现不同的解释。另外，华为的业务单元众多、内容也多，各部门也分别都有自己的传播渠道，如果大家分别按照自己的节奏各做各的，势必会出现信息混乱的情况。为此，我们当时专门制定了规则。首先设定巴展传播周期，在这个周期之内如果发送与巴展无关的内容需要特殊审批。另外，所有和巴展相关的内容必须经过项目组审批后才能对外发布，且必须是集团账号发布之后各部门去转发，而不是各部门首发，这样可以把流量集中到公司平台，产生更大的影响力。违规操作的会务组会被记录并被事后追责。

（4）全球协同：早期的巴展传播只是总部热闹，区域的参与程度并不高，一些关键营销物料的开发，往往会花费百万级的费用，如果未被广泛使用和传播的话，其实是蛮大的浪费。为了能够物尽其用，扩大在全球的影响力，在巴展的传播方面，项目组采用了全球协同的方式，即总部发布后，区域做转载和二次开发——二次开发主要是本地语言的适配。考虑到每个区域情况并不一样，发达市场适用的解决方案未必在欠发达市场也适用，所以本地会有选择性地把适合本地市场的内容做强化传播。而在年度营销主题和涉及公司实力方面的内容基本上都可以适配到所有市场。甚至，华为会把在发达市场取得的成绩重点呈现给欠发达市场的客户，以做信任背书。

娱乐也要传递价值观

2005年春节联欢晚会上的《千手观音》节目震撼了所有人。那些完全听不到声音、也许一生都不知道什么是声音的孩子，在没有任何音乐提示的情况下，完成那么整齐划一的动作、那么精彩绝伦的演出，其中的艰辛和付出可想而知。任正非也曾直言《千手观音》给了他很大震撼。联想到华为数万名员工，正同他们一样，历经千辛万苦，才取得了一点点进步。

2006年的巴展由公司品牌部主导策划，客户工程部是商务活动的执行方。我当时还在客户工程部，在当年的巴展中和部门领导一起负责晚宴活动策划和演出团队安排。应该是任总的授意，公司邀请了"千手观音"节目团队——中国残疾人艺术团，以及女子十二乐坊表演团队远赴巴塞罗那演出。

演出场地选择的是位于巴塞罗那兰布拉大街上著名的欧洲第二大歌剧院 Liceu 剧院。参加宴会的客户被来自东方的精湛演技折服,掌声不断。从观众的反馈来看,这个演出非常成功。

但是,宴会结束后,任正非却把时任公司品牌部部长痛批了一顿,还要求写了检讨。这不是很成功吗?为什么还要挨批?

原来在任总眼里,公司花费如此高昂的费用专门从中国把几十个人的演出团队和节目搬到西班牙,不是简单地为了娱乐助兴和单纯的好看,而是要传递"千手观音"那些残疾人演员艰苦奋斗的精神。他们之所以能有这么完美的节目呈现给大家,是因为背后有无数次的失败和不为人知的艰辛。那些聋哑人虽然听不到声音,但可以通过指挥的手语动作、加上严格的训练和默契做到整齐划一,这种精神和华为的艰苦奋斗、团队协作精神非常契合。而我们当时只是把它当作了一个娱乐节目来安排。这个事情也给初入职场的我深深地上了一课:公司的品牌、营销活动的策划和安排都是要有灵魂的,要体现公司的价值观。

学会给小费

公司发展得非常快,在全球化的道路上,华为员工也需要快速熟悉国外的文化,尤其是以西方为主导的文化和习惯,小费就是其中一个。

华为参加了两年巴展之后,发现一些合作酒店的服务员和车辆司机等服务人员并不是很积极。华为的工作标准一向以严格著称,同样是接待,接待华为客户和员工的要求要比别的公司高很多,工作强度也相对大很多。另外还有一个关键的问题:中国人普遍都没有给小费的习惯。这方面既涉及中西文化差异的问题,也涉及公司管理规范的问题。中国企业报销是需要发票的,小费是没有票据的。后来公司尝试在和当地的酒店、租车公司签合同的时候把小费的金额固定下来,通过对方所在的公司给服务人员支付小费,以解决华为员工报销的问题。但小费本身就是一种及时的、有差异化的激励和回馈,这种解决办法失去了小费原本的意义。权衡利弊之后,经过高层授意,华为选择了入乡随俗的方式,不仅允许,还鼓励员工大方地给小费,回公司后可以选择无票据报销,基于诚信。

据不完全统计,2007年巴展光给酒店服务员和车辆司机的小费就花了至少50万元人民币。50万元对于刚入职场的我来说是个巨大的数字，可以买一套不错的房子了。但不得不说，自从实施了小费政策，酒店的服务员和车辆司机都非常有耐心，笑容都是甜的。

任正非一直都在提倡给小费。2015年，在战略预备队誓师典礼暨优秀队员表彰大会上的讲话中，任正非再次提出："我对非洲行政改革的唯一建议，是希望推广其他代表处的经验，给黑人保姆、司机这些服务人员付点小费。你们都说与国际接轨了，小费都不肯给，怎么叫与国际接轨呢？在非洲的弟兄们，十几个人聘用一个保姆帮忙洗衣服，一起凑钱给小费。这样你的衬衫是洁白的，每天都可以换，何必要自己洗呢？你把洗衬衫的时间用去作战，可能挣到的还会多一些。"

后来，2016年，任正非甚至呼吁在公司推行小费制度，在国内总部基地的穿梭车上都安装上了小费箱。鼓励员工养成给小费的习惯，激发基层服务人员的工作热情，主动提升服务质量，进而让员工通过额外付费获得更好、更优质的服务，形成正循环，整体营造和谐的服务环境。

吃一堑长一智

世界移动通信大会刚搬到巴塞罗那举办的前两年，华为办展的经验还不是很充足，对巴塞罗那当地的资源情况也不太熟悉，前期只能通过和供应商的沟通选择当地的接待资源。

2006年的巴展，我们预定酒店比较晚，优质便利的酒店资源都已经被订完了，只能选择旅行社推荐的资源。当我们一行人抵达酒店后，我们非常惊讶，这家酒店离市区、离展会举办地都很远，和我们之前沟通得到的信息有很大出入。2月的巴塞罗那原本属于他们的淡季，这家处于郊区的酒店本来是关门的，员工也都放假了，为了接待我们这个团队才营业。我们一伙人既无奈又欣慰，好歹有酒店可以住，但为了解决交通的问题，就必须统一安排接送大巴往返酒店和展馆，增加了成本不说，给工作也带来了很大影响。

吃一堑长一智，当年展会结束后，我们会务组并没有马上回国，而是专门在巴塞罗那停留两天，分派人员把酒店资源、旅游资源、晚宴场地、餐饮资源等摸排了一遍，同时把三星、爱立信、阿朗这些公司使用的资源也做了深入的了解。为了有效保障下一年的巴展工作，现场直接就跟供应商商谈下一年的资源采购，尽最大努力提前锁定优质资源。

> 华为有一个很好的习惯，凡事必有总结复盘。每一个大的会展结束也是一个新的开始，活动结束之后，各模块都需要做详细的总结复盘。负责内容策划的、负责活动组织和展台搭建的、负责客户邀请的、负责会务接待的等，都需要结合客户反馈、友商洞察、自身表现检查和审视，明确下一次改进的方向，不断优化、提升。

公司考察

"耳听为虚，眼见为实。"公司考察对于尚未构建起品牌影响力的企业来说，无疑是最传统且最有助于建立信任的营销方式。华为如果碰上比较难搞的客户和项目，我们时常会说一句："把他们拉到总部参观考察一趟，没有拿不下的客户！"

华为参观考察有一套缜密的流程和方案，根据客户的情况可以分为常规参观方案和定制化参观方案。常规方案包括商务接待、展厅参观、数据中心、物流中心（早期）、办公园区参观、公司汇报、高层交流、商务晚宴、休闲活动等。定制化方案除了上面的内容之外，还会根据客户需求适当增加其他项目，如生产线参观、实验室参观、技术交流、产品测试等。此处，重点分享一下能够全面展示企业产品与解决方案的展厅和能够让客户感受全流程体验的接待。

1. 展厅

展厅是一家公司的必备,不管是硬件产品型公司还是其他服务型公司,只不过形式不太一样。一个好的展厅可以让商业合作成功概率大大提高,既要让来访客户了解到他想了解的内容,还要让他看到意想不到的内容,加深或者刷新客户对公司的认知,增强信任度,提升与公司进一步合作的愿望。华为的展厅设计和参观做到了如下几点:

(1) 全方位介绍:相较于展会,展厅可以发挥的空间和展示的内容更加全面。在华为总部基地,来访者可以看到公司所有在售的产品与解决方案,甚至还可以看到部分概念阶段的产品和前沿技术。由于华为业务范围比较广,展厅也不止一个,有面向运营商客户的,也有面向企业客户的,以及面向消费者业务的终端产品。在展厅里,除了产品和解决方案的展示之外,还会融入华为企业层面的基本介绍,以及从科技角度对未来的前瞻性洞见。

(2) 主题式设计:在一个展厅里面,单纯地把产品和解决方案陈列出来很容易散乱,缺少章法。在设计内容的时候,需要结合行业痛点和客户需求设置相应的主题,比如在运营商业务展厅里面可以根据业务领域设置无线区、固网区、核心网区、大数据、物联网等,在企业业务展厅则可以根据不同的细分行业设置智慧交通、智慧教育、数字政务等。设置主题的好处是可以根据客户感兴趣的点,有选择性地组织参观和重点交流。

（3）场景化陈列：初级的展示是把产品像奖杯一样排放在墙上，孤零零地陈列着。好的展示是营造场景化的空间让客户一眼就能感受到产品的应用方式。如家庭使用的产品，可以设计出一角家庭场景；交通中使用的产品，可以增加一些道路环境的设计。早期，在深圳华为总部基地的F1（研发中心楼栋编号）展厅里面，有一个让我记忆非常深刻的展示。展示的内容是可下沉海底8000米的光缆中继器，华为直接将这个中继器放在一个玻璃缸里面，有水有沙，并标注了海底的深度，塑造了一个模拟场景，参观者一看便知，无需多余解释。

（4）互动式体验：有参与感、能够互动的展示要比静态的展示效果好很多。华为展厅在很多年前就有一套智真会议设备，客户参观的时候，可以让他坐下来和远方的人会谈，清晰的画面、流畅的传输，而且可以真实体验到"听声辨位"的效果，能够很容易让客户感受到产品的卖点和优势。

（5）定制化路线：不同领域、不同层级的客户关注点是不一样的。在设计展厅的时候需要充分考虑到这一点，提前针对CEO、CTO、总监，甚至政府和媒体等非商业客户预设相应的内容，分别安排不同的参观路线。除了预设相应的参观路线，华为在进行展厅设计的时候，也尽可能地考虑到了内容差异化的问题，每个展示屏上面预存不同版本的内容，针对重要的客户，可以调用个性化版本。

为了让展厅的效果更佳，除了上面提到的几个关注维度之外，通常会配上先进的展示技术，如全息、VR、AR、动画演示、程序模拟、隔空操作等。但所有的手段都要为内容（产品、技术、解决方案等）服务，最忌喧宾夺主。

2. 客户接待也是生产力

华为的客户接待是营销过程中展示软实力的重要一环，说是华为营销环节的杀手锏一点都不为过。To B 业务，客户需要对公司有更深入的了解，在达成合作之前往往有比较长的沟通过程，因此客户参观来访需求比较多，这一点和做To C 业务的公司有本质的不同。客户来访，需要做整体的接待安排。客户接待的核心目的是促进商业合作达成，其真正意义在于，既要让客户认同公司的产品、技术和品牌，又要让客户感受到被重视而产生情感联结。一次成功的客户接待能够助力销售、成功拿下项目，也能把一个对公司有成见的客户转变成忠实客户。

绝大多数公司会把客户接待当作行政部门的一个普通职能，而在华为，有另外一套逻辑。华为在变革组织与薪酬体系的时候，曾经对所有部门做了职责定义和性质划分，区分了哪些是一线作战部队、哪些是二线职能部门。被定义为一线作战部队的部门，其薪酬待遇要比二线职能部门高很多。华为的接待部门被任正非定义为"面向一线的作战部队"，薪酬体系和市场一线看齐，可见任正非对客户接待工作的重视程度。负责客户接待的部门叫客户工程部，这个名字一直沿用至今，曾经让很多人误以为它是一个技术部门，不然为啥叫工程部？熟悉了之后才知道，华为是把这块工作当作一项长期工程来做，像对待工程一样以精益求精的态度，不断拆解、优化、迭代、固化，日积月累，进而形成了一套非常完善的体系和标准。

如前所述，早期的华为面临认知障碍，很多客户一听说华为是中国的公司，首先会在潜意识里面产生怀疑。所以，在华为看来，只有这些国外的客户对中国制造信任了，才会进而相信企业的能力。所以，在做客户行程策划的时候，会特意安排首次来中国和深圳的客户在国内一线城市周转一下，感受一下现代的中国，然后到深圳再感受一下"小渔村"的蜕变奇迹。接着客户到达华为深圳总部基地参观的时候基本上已经把之前的成见消除了大半，进而更加容易对华为产生好感。

在接待过程中，客户工程部经常会遇到认知被刷新的客户，这里面既有来自欧美发达国家的，也有来自亚非拉发展中国家的。客户中有当面对中国和华为大加赞叹的，也有表示怀疑的。后者以印度的客户较为典型，印度的客户对中国知之甚少，来之前会疑惑地问客户经理：中国有没有高速公路？深圳有没有10层以上的高楼？解释无益，在安排接待的时候，华为S级的奔驰拉着他们往深南大道上兜上一圈，他们顿时沉默不语。等到了华为展厅参观的时候，看到高端大气的布置和全球领先的产品，会憋出酸酸的一句"嗯，快赶上我们印度了"。

客户工程部表面上看是一个简单的接待部门，实质上是一个客户体验的设计部门，围绕客户来访、参观、交流等在每一个接触点上开展精细的设计。部门有三四百人的规模，下级部门包括国内接待、国际接待、资源管理、会务策划、会议服务、车辆调度等。客户工程部从成立以来接待了无数的客户，从一般客户到国家政要、商界大鳄、社会名流等，年接待量达2万批次之多，碰上高峰时期，每天的接待量高达130批以上。世界一流的接待水平加上公司一流的园区环境和世界领先的产品与技术，让客户充分了解了华为的实力，每次接待结束后听到客户说得最多的词就是"震撼"。

根据华为对客户工程部的要求，接待人员不是推销员，部门不背销售和业绩指标，客工部只追求客户满意。这一点超出了很多企业对接待部门的理解。比如，联想这样的国际化企业，他们的接待部需要跟随上级部门一起承担营销线索的挖掘任务。其实，华为的逻辑并不难理解，从分工方面来看就是让专业的人办专业的事情，职责划分相对清晰、独立、聚焦，营销线索和销售的事情交给客户经理搞定。接待经理如果承接这些指标的话，就容易服务功利化，就像在一个高级餐厅吃饭的时候服务员不断地推销，会导致客户体验大打折扣。

让客户满意是一个非常高的要求标准，而且永无止境。最简单直接的办法是用最好的配套设施和服务满足客户彰显尊贵身份的欲望。这类方法对于土豪型客户比较受用，但对于一些高雅、追求内涵的客户来说并不受用。要想获得这类客户的认可需做到用心、用情。

公司会把客户分成VVIP、VIP、S、A、B等不同的层级，以划分重要性的差异，每个层级的接待有相应的接待标准，接待过程中比较难拿捏的是既让客户感受到被尊重，又不至于超标而增加商业成本。

在常规的参观接待环节中，华为设计了一些小惊喜，在到达公司展厅门口的时候，会有醒目的欢迎牌："热烈欢迎××领导一行莅临华为参观指导"，这就让客户特别有面子，一般客户也会在欢迎牌的地方或者展厅固定的拍照点合影留念，然后正式开始展厅参观环节。结束几十分钟的展厅参观之后，客户站的也累了，口也渴了，下一步会被安排到会议室交流，落座后客户就能发现桌面上摆放着自己刚刚拍摄的照片，用一个精美的相框装着。这效率往往让客户感到非常惊讶，一般到别的公司参观，拍了照片之后会过几天发给客户，华为速度是现场赠送。随着现在科技的发达，虽然说拍照后马上冲洗照片已经比较普遍了，但马上拿到一个修饰过的、配精美相框的照片还是会给客户带来很多的惊喜。而且不得不说的是，这个体验项目华为早在20年前就实现了，这在当时来说是非常少见的事情。

一流设施是标配，考虑到各国客户的文化差异和生活习惯，华为还增设了很多配套接待资源，如日式榻榻米的休憩空间、巴厘岛热带雨林风格的茶歇区、供穆斯林客户使用的朝拜室，在朝拜室里面还配有指南针，洗手间里面配有穆斯林使用的汤壶。

硬件靠设施，软件靠人。客户工程部是一个具有国际化视野的团队，除了国内接待团队，客户工程部拥有大批接待国际客户的工作人员，仪容仪态和语言沟通能力是所有接待人员的基本要求。在语言方面，除了英语是通用技能，部门还有精通法语、俄语、西班牙语等不同语种的接待经理。接待人员除了需要了解公司，还需要有广博的知识，便于和客户无障碍交流。团队中有学国际关系的、历史的、文学的、管理的、旅游的等，他们具有非常多元的知识结构和求学经历。公司为了丰富大家的见识，会经常组织相应的培训，有外部专家的培训，也有内部分享式的培训，内容包括国际关系、中西方文化研究、西方艺术、高尔夫等。

国际化的视野、丰富的知识、多元的文化，让接待人员能够轻松应对各种场景，不卑不亢。渐渐地，通过不断沉淀，部门发展成了公司的赋能平台。

华为接待，从公司参观、展厅接待、讲解，到接送机、酒店安排、会议安排、宴会等，每一个环节都有流程、有工具、有模板、有规范、有标准，还会有专门的培训、指导书和案例辅助。

多年下来，公司已经形成了一套非常完善的工作体系和作业标准，并且打造了一个赋能型的组织平台，不仅客工部的新员工可以快速学习上手，而且公司还规定，所有去一线的员工都要经过客户工程部培训和实习，提升基本的待人接物、商务接洽方面的能力。

接待不是简单的迎来送往，在迎来和送往之间见谁、看啥、聊啥、吃啥、玩啥、送啥，都需要精心考虑和策划。接待流程和标准只能保障基础服务水平，但如果想让客户获得超出预期的感受，一定要额外花心思。

对于重要的客户，客户工程部会专门成立接待项目组"一客一策"，深入了解客户的信息，如兴趣爱好、生活习惯等，结合客户情况策划定制化方案。如果恰逢一些值得纪念的日子，那将是一个绝佳的策划机会点。一个惊喜的环节、一个温馨的房间、现场弹唱一首爱听的音乐、一份相同日期的报纸……不一定多贵重，但用心的策划足以让远道而来的客户备受感动，而这些客户自然也就与华为建立了深深的情感联结。

在华为看来，客户接待是华为的品牌窗口，每一个接待人员也都是公司的品牌大使。客户工程部的工作也是华为

"以客户为中心"的公司文化的良好体现。

样板点

展会和展厅里面的设备只能模拟使用场景，并不是真实的使用场景。因此，对于设备的可用性及实际的表现，客户仍然会抱有很多顾虑。为了提升客户的信任感，华为想出了样板点营销的方法。

针对新的产品和解决方案，一旦开始销售，公司就首先通过和客户合作的形式建立样板点。然后，通过样板点再邀请更多的客户来现场的环境中参观，检验设备的真实表现。

样板点是典型的成功案例营销手法。样板点的建设一定要具备代表性，这样才能起到足够的样板效应。

◆ 能足够体现新产品和解决方案的性能和竞争力。
◆ 应用场景和所解决的痛点在行业中有足够的代表性。
◆ 选择合作的客户在行业中有一定的地位和影响力。
◆ 项目交付和商用之后，能帮助客户取得商业成功。

21世纪初，全球陆续开始部署3G网络，这对于作为通信设备供应商的华为和同行来说都是巨大的机遇。华为在3G方面已经提前布局多年，拥有成熟的产品和解决方案。但彼时处于挑战者阶段的华为还没有达到足以让客户信服的程度。原华为无线产品线总裁汪涛是最早一批开拓海外 3G 市场的成员，他曾回忆："卖 3G 太难了！西方的电信巨头们龙盘虎踞，压得我们喘不过气来。"

华为海外 3G 业务首先是从阿联酋电信 Etisalat 做的突破。Etisalat 在中东北非地区是一个显赫的名字，是中东北非片区最大的运营商之一，曾经是阿联酋唯一的移动通信运营商。在人口总数仅 400 万的阿联酋，Etisalat 的用户数高达 550 万，使阿联酋移动渗透率超过 130%，成为中东地区移动渗透率最高的国家。在国际电信业，Etisalat 一向以勇于创新和利润丰厚著称。

2003 年 10 月 19 ~ 23 日，GITEX 展在迪拜举行，Etisalat 也参加了此展会。在开展前 20 天，Etisalat 提出希望增加手机点播电视的演示功能。行业友商给出的答复是"不可能"，而华为团队将这视作一次机会，充分发挥了狼性文化和以客户为中心的精神，仅用十多天时间，就将此功能开发了出来，也因此赢得了 Etisalat 的信赖。

2003 年 12 月，Etisalat 将中东第一个 3G 网络交给了华为独家承建，成为当时华为海外市场第一大单，也开启了华为拓展全球 3G 业务的篇章。同时，为了充分证明自己产品与解决方案的可靠性与可信度，获取更多项目机会，华为陆续在全球范围内建设了很多具有代表性的样板点。

1. 阿联酋 WCDMA 样板点

2003年12月，华为公司与阿联酋 Etisalat 电信运营商正式签订3G全网商用合同，为其建成中东地区第一张3G网络。该项目成功创造了多项业界第一的纪录。

签订合同后的华为立即开展了紧张的工程部署工作，一个月内就完成了网络规划和站点勘探，两个月后启动商用3G业务，三个月就完成了首期网络的全部建设。

首期网络覆盖整个阿联酋的七个酋长国，重点覆盖阿布扎比和迪拜，包括密集城区、普通城区和部分郊区。

到2004年5月31日，Etisalat 和华为联合宣布，华为为 Etisalat 建设的3G网络首期工程全部竣工。全套 UMTS 设备正式割接入网时，Etisalat 对工程建设速度和设备稳定性表示满意。

为了宣传并让更多的全球客户有更真切的感受，华为结合这个项目顺势建设了海外第一个3G样板点。由于一期3G网络基站数量并不多，公司当时仅做了室外广覆盖，较大型楼宇的室内都还没有3G信号覆盖。所以，华为在给参观的客户做3G业务演示的时候主要采用的是车上演示方式，即在车上让客户感受3G的速度和服务体验。对于极重要客户，则可以选择一个特定的室内环境做3G业务演示。

项目的成功为华为带来了更多的合作机会。

2004年11月，Etisalat 选择和华为继续合作，升级全国的 3G 网络。

2005 年 6 月 1 日，Etisalat 与华为在迪拜一起举行新闻发布会，宣布双方已签署建立战略合作伙伴关系的备忘录，华为将为 Etisalat 提供更具竞争力的电信设备和服务以支持其在全球市场的拓展。

2006 年，Etisalat 选择华为为其沙特和埃及子网建设 3G 网络。

2. 埃及 Etisalat 亚历山大样板点

Etisalat 在全球电信业舞台迅速崛起。其凭借雄厚的财力、先进的管理和对创新技术的不断追求，在不少国家成功运营网络。以"世界四大文明古国之一"闻名于世的埃及地跨亚非两洲，移动通信业发展迅速，蕴藏着巨大的市场机会。2006 年 6 月，埃及政府组织了第三张移动通信牌照的招标，Etisalat 以超出底价 8 倍的价格——29 亿美元中标，开始在埃及布局移动业务。Etisalat 之后招标合作供应商，爱立信中标开罗，华为中标除开罗之外的几乎所有地区，包括亚历山大、西奈半岛、尼罗河三角洲、上埃及等。

其中，亚历山大是埃及第二大城市、最大的海港、历史名城、地中海沿岸的避暑胜地，享有"地中海明珠"的美誉，地段繁华、人流密集、话务量高。该项目是埃及第一个 HSPA（High-Speed Packet Access，高速分组接入）网络。Etisalat Misr（Etisalat 集团在埃及的通信子公司）采用了华为

2G、3G 网络同时兴建的方案。华为在此项目中，几乎应用了当时自己在 GSM 和 UMTS 领域的所有基站设备，包括分布式基站、双模基站、室内宏基站、室外宏基站、室外小基站等，产品应用场景典型，很有说服力，整体部署基站总数达到 1000 多个。其中，3G 网络建设部分采用的华为分布式基站，体积小，安装方便。整体方案为 Etisalat Misr 节省了大量成本和部署时间。

同时，该项目是华为历史上赢得的最大的、真正的全 Turn key（交钥匙，指端到端、一站式服务）项目。项目整体交付良好，网络指标显著好于同期的友商。另外，这个项目也是华为首个大规模网络代运维的合作，网络建好之后需要帮助客户共同开拓市场。2007 年 5 月商用后，用户数增长非常迅速，取得了 50 天突破 100 万的超预期效果，在当时是一个相当骄人的业绩。

此项目对华为来说具有里程碑意义，无论是从应用场景还是交付模式，甚至是商业效果来看都很有代表性。于是也顺势在埃及亚历山大建立了 3G 参观样板点。通过此样板点，华为可以很好地展现其创新的方案为运营商带来的价值，短时间、大规模全 Turn key 成功交付的能力和经验，以及全方位的服务能力。

3. 葡萄牙 3G 样板点

2005 年 12 月 9 日，华为与葡萄牙第二大电信集团 Sonaecom 在葡萄牙里斯本首相府正式签署协议，Sonaecom 选择华为作为其在移动、固定、传输以及增值业务等领域的战略性合作伙伴，双方将携手共同拓展葡萄牙电信市场。Sonaecom 电信集团由 Optimus（移动）、Novis（固网）、Clix（互联网）以及 WeDo Consulting（业务软件）等组成，为葡萄牙市场提供包括 3G 在内的移动、固定、传输、宽带接入以及互联网内容等全方位电信服务。

在过去的几年里，华为与 Sonaecom 在固网网络架构、光网络、第三代移动通信及多媒体终端等多领域都展开了密切合作，此次签署的双方协议将这种合作推向了一个更加崭新的阶段。

2006 年 2 月 14 日，葡萄牙 Sonaecom 集团下的 Optimus 在马德拉岛正式发布其 HSDPA 商用网络。该网络采用的是华为领先的解决方案，是全性能 HSDPA 在全球的首个商业应用网络，也是欧洲第一张全速率的 HSDPA 网络，可为用户提供高速移动宽带业务，真正带来激动人心的 3G 体验。它作为欧洲首个商用 3G 网络，意义重大，也代表着华为 3G 业务在欧洲这一全球高地市场的突破。这一成功的项目需要树立成样板，让全球运营商都知道华为 HSDPA 的商用网络解决方案及新一代基站已经成功应用在欧洲这个全球要求标准最高的地方。

上面是三个样板点的例子。此外，华为还在荷兰、西班牙、匈牙利、泰国以及中国大本营等地方建设了很多业务样板点。

客户参观样板点的流程一般分为业务体验、站点参观、技术交流、高层交流。为了让参观的客户有更好的感受,在基础的环境和交流之外,华为会安排增加一些接待设施,如休息和洽谈的地方,以及商务活动等环节。

以葡萄牙样板点为例,常规的时间安排如下:

> Part 1:汇报交流:向客户整体介绍项目情况、项目经验、商用效果、关键产品与解决方案等,给客户一个总体印象。
>
> ·项目汇报。
>
> ·技术交流汇报。
>
> Part 2:业务演示:让客户真实体验华为产品与解决方案给业务带来的改善。
>
> ·电话互拨、高速下载、手机流媒体体验、高速数据业务实测等。
>
> Part 3:基站参观:带领客户到基站安装地实地考察,感受安装环境和产品优势。
>
> ·分布式基站参观。
>
> ·宏蜂窝基站参观。
>
> Part 4:商务活动:根据客户行程安排相应的商务休闲活动。

相对来说,样板点的打法成本不高,但效果很好,属于营销手段中的攻坚利器，临门一脚，特别适合已经有合作意向的客户，也非常有利于在客户那里建立对公司产品与解决方案的信任感。

除了以上谈及的被华为公认的"营销三板斧"之外，还有展车、现场会、峰会、用户大会等多种线下的营销手段，它们都拥有不同的角色和定位，也都发挥着很好的作用。

以展车为例。展车是将车辆改装、把公司产品和解决方案在车上展览的方式，可以直接把产品和解决方案送到客户家门口供其体验，可以实现敏捷巡展，也叫移动展厅。展车能按客户需求选择解决方案和展示内容，可根据一线销售策略甚至可以专门针对一个项目做定制化设计，助力销售。相比展会，展车形式更加灵活，可移动、可以机动调整时间，但其局限性在于空间有限。

华为做展车是受到爱立信的启发。早期的展车是集装箱式的，后来在集装箱的基础上，优化打造成了可拉伸的展车，可用面积大大提高。一般在展车内容的设计上，会选择一个相对细分的领域，可以做到相对聚焦。展车的造价不便宜，所以会尽量做到物尽其用，充分发挥其价值。区域面积大的国家、地区和组织如中国、俄罗斯、欧盟这种更适合展车营销。小国家运行展车的性价比并不高，展车跨国界运行需要办理非常繁琐的手续。

展车营销方式盛行的顶峰时期，华为约有十三辆展车，其中同时在全球跑的有七八辆，分属于各个业务线和区域。半年或一年下来，一辆展车可以通过巡展的形式把一个国家的重点客户扫一遍，既扩大了认知，又方便了客户。仅用两三年时间，巡展城市已达两百多个，覆盖了大量的中基层客户，很好地改善了客户关系。华为消费者业务兴起后，也同样采用了展车的方式。那时候，华为线下体验店还没有铺开，华为"大篷车"在各地开花，起到了很好的广而告之的作用，为消费者带来了最新的手机产品，并配上文化节目，让大众了解到了一个全新的华为。

有关现场会、峰会、用户大会等线下营销这里不展开介绍，其核心目的都是让客户深入了解并信任公司的产品与服务以及实力，促成商业合作。

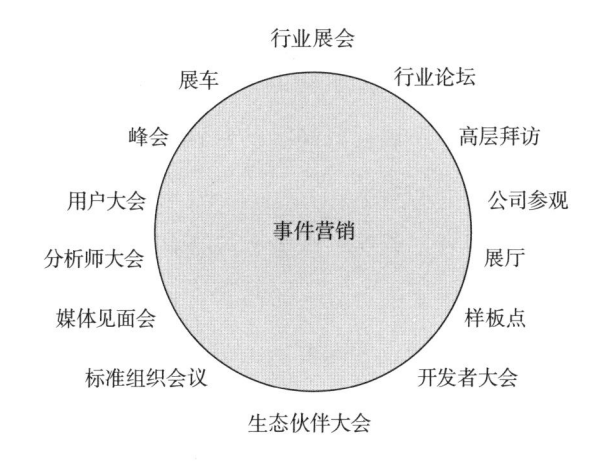

事件营销

- 行业展会
- 展车
- 行业论坛
- 峰会
- 高层拜访
- 用户大会
- 公司参观
- 分析师大会
- 展厅
- 媒体见面会
- 样板点
- 标准组织会议
- 开发者大会
- 生态伙伴大会

领导者的三个影响力

任正非曾说过,"我们长期在'术'的层面和对手缠斗,拉不开距离。未来华为要在'道'的层面有所作为,要提升战略宣传的层次与内涵。"

三板斧的营销打法在挑战者阶段起到了很好的效果,但方式都比较传统,且具有手法单一、规划分散、效果衡量不清晰等突出问题,更达不到"在更高层面上做生意"的要求。

处于领导者阶段的华为,一方面不断打牢自己营销的基本功,提升系统化的营销操盘能力,建立了强大的数字营销平台;另一方面,也在规划更高维的营销方式以匹配自身的行业地位和战略发展的要求。

领导者和挑战者、跟随者所要承担的责任有本质的不同,且在行为方式上有很大的差异。挑战者和跟随者做生意的本质是抢夺市场机会,领导者则要做大市场空间、做大可参与空间。作为行业领导者,需要发挥行业领头羊的作用,承担更大的责任。因此,作为领导者的企业就不能靠效仿、抢单和低价的打法求发展，而是应该维护行业的健康发展，以一个领导者的身份要求自己，站在更高层面上做生意，这需要构建更高维度的竞争力以获得更广泛的信任与支持。

打造高维的竞争力首先需要摆脱常规的套路和产品层面的低维比拼。高维竞争力需要往两个方向思考：一个是底层能力，体现在科技实力上；另一个是企业视野与格局，既体现在商业硬实力上，也体现在企业思想、创始人形象与企业管理这些软性影响力上。

此处，我们站在对外营销和企业形象构建的角度，从如下三个维度展开：创始人 IP 与管理哲学、企业价值观传播、行业领导力营销（思想领导力、商业领导力与技术领导力）。

创始人IP与管理哲学
- 创始人从神秘走向公开
- 管理哲学从内部传递到外部
- 树立企业科学管理的标杆形象

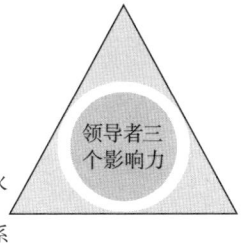

企业价值观传播
- 点燃社会普遍价值的灯火
- 为社会进步提供正能量
- 建立更广维度的同盟关系和社会认可

领导者三个影响力

行业领导力营销
- 高姿态建设行业影响力
- 做有实力、有眼界、有担当的领导者

创始人 IP 与管理哲学

2005 年 4 月 10 日，美国《时代周刊》杂志赋予任正非

"2005年度全球100位最具影响力人物"的荣誉。同年入选的还有比尔·盖茨、乔布斯等国际名人。而任正非是中国内地唯一入选的人,已经无可争议地站到了中国企业家的前列。其个人及其管理理念也逐渐被更多的人关注,在全世界产生了巨大的影响力。

创始人IP与管理哲学

- 神秘与公开的反差
- 务实的企业家
- 接地气的哲学家
- 有产业雄心的战略家

优秀的创始人　　先进的管理方式

- IPD塑造的科技界正规军
- 轮值CEO制度
- 深厚的管理哲学
- 鲜明的公司文化
- 灰度管理

1. 优秀的创始人

(1) 神秘与公开的反差。

人因事显,任正非作为华为的创始人在早期并没有让外界感受到他自身的思想领导力,而是随着华为的商业成功才逐渐被外界关注。

值得一提的是,任正非在早期的神秘感是很重的,在华为成立后的20多年里,任正非都极少在媒体公众面前出现,这种神秘感一直积攒到了华为的To C时代。华为的手机业务逐渐起色,大众消费者也变成了公司的客户,公司除了在原来通信行业中的影响力之外,也需要面向大众做沟通,而企业创始人是传递公司形象的最好方式之一。到了2019年之后,随着美国打压华为事件的爆发,任正非更是频繁出现在公众视野内，虽然有些迫不得已，但这种从极度神秘到突然公开的反差本身就会带来极大的关注度。

关于其个人的低调和神秘，有个故事可以窥见一斑。2011年，任正非以11亿美元身价首次进入福布斯富豪榜，排名全球第1056名，中国第92名。这是可查证到的任正非进入富豪排名最早的一次。和其他企业家热衷富豪排名的现象完全相反，任正非和华为公司从未宣传过此事。甚至很多时候，出于其个人一贯的低调作风，他拒绝上富豪榜。排行机构也比较重视任正非的意愿，很少把任正非列入榜单。

（2）务实的企业家。

德鲁克曾说，企业的首要利益相关者是客户，如果客户不满意，其他事情都免谈。

相对于社会上被标榜成功的企业家和名人，任正非极其务实。他的精力都聚焦在和公司业务强相关的方面，甚至有些职位很高或者社会地位很高的人希望来访华为和任正非交流，都会被拒绝，用任正非的话说就是"他又不是我们的上帝"。

很多企业家随着企业的发展和自身成功，会频繁见诸报端、综艺节目，出行也极其讲究排场，前呼后拥的阵仗自是不能少。任正非的做法却与之截然相反。

2016年，72岁的任正非傍晚独自在机场排队等出租车的照片在社交网络刷屏。之后又有网友曝出，任正非和华为普通员工一样，在华为食堂中排队吃饭，领到餐后，任正非又一个人端着盘子去吃饭。这种朴素、务实的工作作风，在当前浮躁的互联网社会引发热议和高度赞赏。

任总有一句话广为流传，"要脸朝客户，屁股朝领导"，要求大家关注客户的需求，而不是在讨好内部领导上花费精力。任总在外面参加会议时，也不希望员工把精力耗费在对自己的迎来送往上。

这里分享一个发生在我自己身上的故事。2010年10月，我当时所在的部门要结合公司新的战略方向作组织规划，任总对这块业务非常重视，专门自掏腰包邀请我们去三亚开务虚研讨会，一共有10多位部门管理者与骨干参加。从深圳出发前的那几天，海南那边有较大的台风，我们对此颇为担心，甚至想看一下任总是否会调整日期。但任总却丝毫没有受台风的影响，一切照常安排。我们提前到了酒店办理入住，任总到的比较晚，考虑到天气原因和不熟悉住宿与会议环境，担心他到达酒店后被"怠慢"，我专门到酒店门口去迎接。结果回到会议室却被任总批评说以后内部会议不需要这种形式主义的接送行为。事情虽小，却给我留下了深刻的印象，也让我感受到任总对于一些事情的要求不只是说说而已。

此外，任正非敢拼敢战的作风也颇为人称道，任正非曾经说过："我若贪生怕死，何来让你们去英勇奋斗。"华为的业务遍布世界各地，即便很多艰苦和战乱的国家也都是华为要争取的市场。有些国家发生战乱或者极端事件（如福岛核电站泄漏）之后，西方的企业纷纷撤离，但华为依然会有人坚守在那里，为当地客户和市场提供通信保障。任正非去过很多艰苦的地区，去考察市场、慰问员工，如阿富汗、利比亚、伊拉克……

2018年7月，任正非去到非洲中东部的卢旺达，在卢旺达酒店与公司员工聊天的时候指出："我们为什么要在艰苦的地区、艰苦的国家奋斗呢？我们是履行我们为全人类服务的承诺，我们立志'把数字世界带入每个人、每个家庭、每个组织，构建万物互联的智能世界'。为了履行这个承诺，我们无论在人迹罕至的高山、荒漠，还是在疾病流行、战火纷飞的地区，任何有人的地方都有华为的员工。我们不要怕一些人嘀嘀咕咕，我们是在造福人类，而不是威胁社会。他们心胸狭窄，不要与他们计较，影响了我们为人类服务的理想前行。"

（3）接地气的哲学家。

高级的管理可以把复杂问题简单化，把高深的理论常识化。

任正非是极少数能把哲学思考表达的平民都可以理解的企业领导人，甚至你都可以从他接地气的话里面感受到土壤的气息。

在谈及创新的时候，他说创新就是"鲜花插在牛粪上"，华为就是牛粪，人家的东西就是鲜花，牛粪给鲜花提供营养。

继承就是牛粪，创新就是鲜花。

他也曾多次用"磨豆腐"来形容华为对所做事情的专注："做企业像磨豆腐。我们就是要磨出最好的豆腐！为什么？因为爹要吃豆腐，娘要吃豆腐，孩子要吃豆腐。互联网也改变不了这个现实。爹还是那个爹，娘还是那个娘，辘轳、女人和篱笆墙一个也没有变，磨豆腐也变不了！我们只要真正与全世界用户心贴着心，磨好了豆腐，我们就可以整合全球资源为世界人民服务了！"

这种充满着智慧与幽默的接地气金句直指事物的本质，可以瞬间击垮浮夸和所有不切实际的粉饰，再加上企业经营的成功，不仅在大众层面吸粉无数，也在社会各行各业管理及精英阶层获得了很大的认同。

说任正非是接地气的哲学家，并非只因为他能够把常识说得接地气，还因为任正非的哲学和思想已经摆脱了学院式的理论框架。如"熵"的概念。熵原本是物理学领域的概念，指自然社会中任何时候都是高温自动向低温转移热量，一个封闭系统最终会达到热平衡，没有温差，也不再做功。这个过程叫熵增，最后状态是熵死。热力学第二定律也叫熵增定律，引申的通俗理解是一切事物发展的自然倾向，都是从有序走向混乱无序，最终灭亡。任正非把这一概念应用到了企业管理方面，强调要通过开放的系统建立耗散结构，通过"给火车头加满油"的方式激活组织活力与员工斗志，实现熵减和长期健康发展。这里面既有对人性和社会的深刻洞察，也有对东西方文化的贯穿与融合。

（4）有产业雄心的战略家。

任正非长期以来坚持"财散人聚"的理念，建立了广泛的利益分享机制，自己只保留1.4%的股份（后期还有所减少），其余都与员工分享，把股份分光，共享胜利果实。在把公司做大的同时，任正非对外也呈现了其民族企业家的特质和社会情怀。

产业雄心：一个企业的强大，会带来产业能力的提升，也会带来一个城市甚至国家的竞争力的提升。1994年，任正非就口出豪言："世界通信行业三分天下，华为将占一分。"华为创业时的资本只有21000元人民币，但它面对的，却是世界上最强悍的竞争对手，甚至很多对手是百年老店。面对全球的巨头和西方国家的先发优势，华为并没有低头，怀揣远大抱负和必胜的信心步步为营。到了2010年，华为进入《财富》世界500强，排名第397位。2013年，在全球通信产业中，华为排首位，已超越长期处于老大位置的爱立信。任正非当年所预言的"世界通信制造业三分天下，华为将占一分"，已经成为现实。华为的产业雄心极大地鼓舞了中国的企业和民族士气，塑造了非常强烈的情感认同。后来面临美国的打压，中国民众同仇敌忾为华为加油，这和华为长期以来积累的情感认同密切相关。

社会情怀：任正非很少对社会和政经发表个人观点，在公众视野亮相后，他对教育的关注博得了广泛认同和赞赏。任正非在接受央视记者的专访时说到："一个国家的强盛是在小学教师的讲台上完成的。"他还补充说："我关心教育不是关心华为，是关心我们国家。如果不重视教育，实际上我们会重返贫穷的。""如果没有从农村的基础教育抓起，如果没有从一层层的基础教育抓起，我们国家就不可能在世界这个地方竞争。因此我认为国家要充分看到这一点，国家的未来就是教育。"教育是关系国计民生的大事情，朴实无华的语言透露着深刻的道理，这里面既包含着其对国家强盛的期望，也对底层民众及教育从业者发出了关切的声音。

作为有影响力的企业创始人，任正非难免在各种场合被问及或者谈及企业发展与国家发展之间的关系。在《华为的红旗到底能打多久》这篇文章中，有这么一段话："华为以产业报国和科教兴国为己任，以公司的发展为所在社区做出贡献。为伟大祖国的繁荣昌盛，为中华民族的振兴，为自己和家人的幸福而努力。"任正非在接受媒体采访的时候，用极其朴实的话说道："中国13亿人民，我们这几个把豆腐磨好，磨成好豆腐，你那几个企业好好去发豆芽，把豆芽做好，我们13亿人每个人做好一件事，拼起来我们就是伟大祖国。"这段话里面有基于商业本质思考的智慧，也有作为企业公民的愿景与奉献精神。

2. 先进的管理方式

在中国，学习国际化管理的企业不在少数，但真正能学好的并不多。其根本原因在于：一是没有找到真正适合自己的管理模式，或者选择了错误的学习对象；二是找到了适合自己的管理模式，但是顶层管理者没有真正地理解先进管理理论和流程的精髓与价值，在半信半疑中推进，遇到问题后会产生退缩；三是在学习和照搬先进管理模式中彻底迷失了自己，变成了邯郸学步。

华为的管理变革从未停止过，尤其是从公司转型和开启国际化道路之后就更加大刀阔斧。从 1999 年 IBM 提供价值链模型开始，华为和 IBM、普华永道、HayGroup、埃森哲、FhG 等西方咨询公司合作，开展了 IPD、ISC、CRM、IFS、人力资源等一系列的管理变革，有效支撑了公司大管理平台运作，变革总投资 450 亿元人民币。可以说，像华为这么坚决、这么大力度学习先进管理、开展变革的企业在中国还没有第二个。

在管理变革的过程中，任正非要求管理层"先僵化、后优化、再固化"。在僵化的阶段，要求大家穿上 IBM 和顾问公司定制的"美国鞋"，"削足适履"，谁敢对抗谁走人，坚定不移地变革。之后在熟悉了解的基础上优化，最后找到完全和自己匹配的方式并固化。经过这个过程之后，华为已经完全把西方先进的管理方式内化成一套自己的体系，并通过管理变革与合作，塑造了自身专业、先进的管理形象。

在多项管理变革中，最值得称道的就是 IPD 的流程变革和轮值 CEO 制度。

（1） IPD 塑造的科技界正规军。

在相当长一段时间里，中国科技企业做产品开发是没有章法的，也缺少成功的标杆可以参照，直到华为把 IPD（集成产品开发）应用成功。

IPD 既是一套先进的、成熟的研发管理思想，也是一套模式、流程和方法。IBM 前总裁 Louis Gerstner 曾说道："IPD 是关键！我们必须更加规范地开发产品，在开始便考虑市场情报和客户需求，在开始阶段就确定所需资源，对资源进行里程碑式管理，只在里程碑变更需求和项目方向，因此我们不会不断地修补项目。整个 IPD 重整至关重要，如果你不知道它是什么，你就需要回去认真学习。我的意思是说，这个公司的每个人……都需要熟悉 IPD。我们准备根据这个流程来经营公司。"任正非更是在内部强调"IPD 关系到公司未来的生存与发展，各级组织、各级部门都要充分认识到它的重要性。我们是要先买一双美国鞋，不合脚，就削足适履"。

IPD 思想的先进性体现在，它首先明确了产品开发是一种投资行为，并且强调要以市场需求为驱动做研发，将技术研究和产品开发做了分离，在过程中以流程的形式强化跨部门协同，让华为研发由"偶尔推出成功的产品"到"可持续推出有竞争力的产品"。这几点在当时的行业环境中都是极其先进的思想，刷新了业内人士的认知。

靠着顶层坚定的信念和华为强大的执行力，华为对 IPD 的应用经过了先僵化、后优化、再固化的过程。经过多年的适配，华为把这一国际领先的研发管理流程嫁接到自身企业经营当中，实现了西方先进管理思想与中国管理实践的真正结合。IPD 源于 IBM，但发扬光大于华为，IPD 已演变成为华为的一张名片，塑造了"科技正规军"的形象，尤其在国内树立了"管理最先进的科技公司"形象。现在科技制造行业兴起了学习 IPD 的热潮，并且普遍学习的是华为 IPD 流程的版本。

（2）轮值 CEO 制度。

2004 年，华为成立了 EMT（经营管理团队），由任正非、孙亚芳、费敏、洪天峰、徐直军、纪平、徐文伟、胡厚崑、郭平组成，实行集体领导、集体决策。2011 年之后，华为开始实行轮值 CEO 制度，轮值 CEO 由三名副董事长（郭平、徐直军、胡厚崑）轮流担任，轮值期是每人半年。轮值 CEO 在轮值期间作为公司经营管理以及危机管理的最高责任人，对公司生存发展负责。轮值 CEO 负责召集和主持公司董事会常务会议，在日常管理和决策过程中，对履行职责的情况及时向董事会成员、监事会成员通报。轮值 CEO 在轮值期间是华为公司的最高行政首长，其更多的是关注公司的战略，进行制度建设，并且将日常经营决策的权力进一步下放至 BG 各自的 EMT，以推动公司的合理运行。

"也许是这种无意中的轮值制度平衡了公司各方面的矛盾，使公司得以均衡成长。轮值的好处是，每个轮值者在一段时间里担负了公司 CEO 的职责，不仅要处理日常事务，而且要为高层会议准备起草文件，大大地锻炼了他们。同时，他不得不削小他的屁股，否则就达不到别人对他决议的拥护。这样他就将他管辖的部门带入了全局利益的平衡，公司的山头无意中在这几年削平了。""每个轮值 CEO 在轮值期间奋力地拉车，牵引公司前进。他走偏了，下一轮的轮值 CEO 会及时去纠正航向，使大船能早一些拨正船头。"（任正非《一江春水向东流》）

（3）深厚的管理哲学。

一个公司的管理如何，要看文化。文化是土壤，一个群体具有什么样的文化，就会培育出什么样的果实。大到国家民族，小到企业团体，都是如此。

德国和日本严谨务实的文化特性，使得其精密制造业处于国际一流水平；相反，印度的文化则很难培养出擅于精密制造业的领先企业。

"最为深刻的战略是文化战略，真正意义上的领袖是文化领袖，真正意义上的成功是文化的成功。"文化个性决定了一个国家在世界比拼中的竞争优势，对于一个公司而言，公司的文化特质也决定了其在行业中的比较优势，以及能否走得长远。

"思想领袖更多的是在价值分配、全球战略格局上去思考，发挥引领作用。思想领袖不是停留在管理方法上，而是要上升到管理哲学层面；战略领袖要规划未来的战略布局；商业领袖要集中在淮海战役、辽沈战役的成功上来考虑；高端专业就是做系统性的规划。"（任正非在2013年3月29日EMT办公例会上的讲话）

（4）鲜明的公司文化。

华为基本法第六条这样谈及对文化的认识："资源是会枯竭的，唯有文化才会生生不息。一切工业产品都是人类智慧创造的。华为没有可以依存的自然资源，唯有在人的头脑中挖掘出大油田、大森林、大煤矿……精神是可以转化成物质的，物质文明有利于巩固精神文明。我们坚持以精神文明促进物质文明的方针。"

华为以"狼性文化"著称，狼性文化体现在公司竞争、员工日常行为当中。狼性文化一是要有敏锐的嗅觉，二是不屈不挠、奋不顾身的进攻精神，三是群体作战的意识。华为"狼性"企业文化的源头是有着军人背景的任正非所推崇的"军事文化"。"军事文化"不仅弥补了国内企业由于人治造成的不规范带来的负面影响，而且让优秀的军事管理理念、思想和方法服务于整个企业文化建设，提高了华为整体的工作效率、激发了员工的工作热情、提升了员工对内的凝聚力与向心力。"军事文化"是华为企业文化的根源。华为在发展的过程中基于军事文化不断地完善，形成了一套可以闭环的企业文化体系。

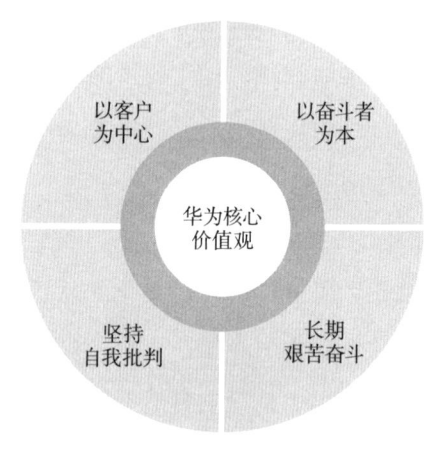

```
         以客户          以奋斗者
         为中心            为本
              华为核心
              价值观
         坚持            长期
         自我批判        艰苦奋斗
```

2015年，华为在财报中明确提出，坚持"以客户为中心，以奋斗者为本，长期艰苦奋斗，坚持自我批判"的核心价值观。2018年发布的《人力资源管理纲要2.0》对核心价值观进行了微调和进一步明确：华为核心价值观是坚持"以客户为中心，以奋斗者为本，长期艰苦奋斗"，"坚持自我批判"是纠偏机制。这几点是长期驱动华为高速发展和构建核心竞争力的管理哲学，也是华为文化的核心。

以客户为中心：这是商业活动的本质，只有客户成功，才有企业的成功。为客户服务是唯一理由。公司的可持续发展，归根结底是满足客户需求。客户需求是华为发展的原动力。以客户为中心要求产品研发和创新要对准客户需求，要为客户利益最大化奋斗，为客户提供及时、准确、优质、低运作成本的服务，帮助客户成功；只有客户成功了，才会有华为的成功。华为从组织上、流程上、制度上以及人员培养上都建立了一套以客户为中心的体系。任正非曾说："华为走到今天，就是靠着对客户需求宗教般的信仰和敬畏，坚持把对客户的诚信做到极致。"

以奋斗者为本：不让雷锋吃亏，奋斗者必将得到回报。坚持"多劳多得"理念，优化获取分享与责任结果导向的分配机制，驱动组织与员工进行更大、更好的价值创造。任正非在2008年市场部年中大会上提到："企业的目的十分明确，是使自己具有竞争力，能赢得客户的信任，在市场上能活下来。要为客户服好务，就要选拔优秀的员工，而且这些优秀员工必须要奋斗。要使奋斗可以持续发展，必须让奋斗者得到合理的回报。"以奋斗者为本，华为建立了价值创造和价值分配的人力资源管理机制，最大限度地调动人的积极性，发挥人力资源的最大效益。

长期艰苦奋斗：华为认为，我们没有任何可依赖的外部资源，唯有靠全体员工勤奋努力与持续艰苦奋斗，不断清除影响我们内部活力和创新机制的东西，才能在激烈的国际化竞争中存活下去……幸福不会从天而降，只能靠劳动来创造，唯有艰苦奋斗才可能让我们的未来有希望，除此之外，别无他途。从来就没有什么救世主，也不靠神仙皇帝，要创造幸福的生活，全靠自己。艰苦奋斗并不是狭隘的物质上的艰苦，在物质越来越丰富、越来越发达的时代，华为需要长期坚持思想上的艰苦奋斗。

坚持自我批判：华为认为过去的成功不是未来的可靠向导。自我批判是企业和个人不断成长、不断蜕变、不断创新的前提条件。坚持自我批判，才能够避免干部和员工的傲慢、偏见、狂妄自大，才能听到真实的声音，正视自身存在的问题与不足。坚持自我批判能避免对过去成功路径的惰性依赖，时刻让企业和个人站在一个新的环境下进行自我审视，重新思考，时刻保持谦卑和敬畏。自我批判是抵抗组织惰性的利器，可以有效地保持熵减，提升组织活力。因此，自我批判被定义为组织与个体自我纠偏的机制。

领导者的三个影响力

"以客户为中心,以奋斗者为本,长期艰苦奋斗",这三条是华为公司文化的核心,也是人力资源管理的出发点和根本。以客户为中心贯穿了华为公司所有的业务运作和流程建设。以奋斗者为本贯彻在公司人力建设、管理晋升及薪酬分配等多方面。长期坚持艰苦奋斗则贯穿在自上而下的工作思想当中。

华为文化里面蕴含着精神文明与物质文明两个导向。精神文明建设导向持续奋斗,构筑了公司的核心价值观,形成了积极进取、敢于亮剑、百折不挠、集体奋斗的高绩效组织文化。物质文明建设基于责任贡献,坚持了多劳多得的分配理念,形成了劳动所得优先于资本所得、组织激励来源于业务经营与发展结果的获取分享、个体激励向奋斗者与绩优者倾斜的回报分配机制。

华为文化的核心渗透了对人性本质的理解。人性的弱点体现在以自我为中心和以上级为中心、在利益分配的时候论资排辈、优先照顾有裙带关系的人;人性的弱点是贪图安逸,从而导致意志力薄弱。企业运营中所有的问题都可以归结为管理的问题,而所有管理问题都可以归结为人的问题,看透了人性的本质,才能从根本上找到问题的原因并且使问题得到解决,从而保持个体的动力与组织的活力。

正如任正非曾说:"是什么使华为快速发展呢?是一种哲学思维,它根植于广大骨干的心中。这就是'以客户为中心,以奋斗者为本,长期艰苦奋斗'的文化。这并不是什么背景,更不是什么上帝。"

(5)灰度管理文化。

2007年12月,任正非在香港与美国前国务卿奥尔布莱特进行了一次会谈,在这次会谈中,任正非第一次将"开放、妥协、灰度"三个词并列在一起阐述,他认为这是华为公司从无到有、从小到大、从弱到强快速发展的秘密武器。其中,开放和妥协都比较好理解,但"灰度"这个词从管理的维度提出来远超出了大家的普遍认知,尤其是从任正非这位极具商业领袖风格的人口里提出。

2008年,任正非在市场部年中大会上的讲话中特别强调:"我们在前进的路上,随着时间、空间的变化,必要的妥协是重要的。没有宽容就没有妥协;没有妥协就没有灰度;不能依据不同的时间、空间,掌握一定的灰度,就难有合理审时度势的正确决策。开放、妥协的关键是如何掌握好灰度。"

常言道,水至清则无鱼,企业管理属于社会学科范畴,多数事情不能用非黑即白的逻辑去做绝对判断。"灰度"在华为是一个高频词汇,灰度管理是任正非独创的经营理念,内涵非常丰富。灰度是一种动态的概念,强调用发展的眼光看待问题,在多种不确定因素的影响之下,选择更有利于公司整体发展的解决方案。灰度是在一定的时间和空间背景下,学会包容和相对妥协，站在更高维度系统性地分析问题，找到相对平衡，寻求整体和谐。

任正非曾在交流中提到对灰度的理解："方向大致正确就是灰度，因为方向不可能做到绝对准确。"绝对的黑和绝对的白，这个"绝对"本来就不存在。"绝对"只是数学上定义的，在物理学上不可能。物理学上绝对的黑一打开，灰尘落上去，就变成深灰；绝对的白一打开，灰尘落上去，就变成了浅灰。灰度管理就是对事物不做绝对化理解。

对人方面，华为保持一定的宽容政策，适当灰度地看待员工和干部存在的问题，不要疾恶如仇、黑白分明。"……我们不是生死敌人，是同一个战壕中的战友。同一个战壕中的战友，哪里搞脏了一点，洗掉就行了。没啥了不起。如果戴着有色眼镜看人，世界上就没有好人。"某种程度上，灰度文化把人性的复杂性弱化了，也从最大程度上团结了能够团结的人。只要你拥有对物质文明或精神文明的追求，并认可"多劳多得"的价值观，就可在华为通过奋斗得到回报，而不必担心被缺点淹没才华。

对事方面，任正非并不提倡做到极致，极致预示着要付出极大的成本，也容易带来极端情况。曾经有一线部门在做计划的时候，提出要绝对占领当地的市场，将友商赶出去，任正非则反对这种做法，提出要给友商等同行们留下一些空间，不要把市场做绝。任正非有一次说："我们要把对内对外的妥协都大张旗鼓地讲清楚，华为不是要灭掉谁家的灯塔，华为要竖起自己的灯塔，也要支持爱立信、诺基亚的灯塔永远不倒，华为不独霸天下……"

2012年前后，欧盟发起对华为的"双反"调查，而爱立信、诺基亚等却站出来为华为说话：华为并非低价倾销。

企业价值观传播

从某种程度上讲，文化是一种风格，价值观是标准。价值观是是非善恶的判断标准，是群体对事业和目标的共同认同，也是群体对所认同目标的共同追求。价值观对人们的动机和行为及所产生的结果有着巨大的影响。价值观对于一个企业来说是企业所有人员思考和解决问题的源点及行为准绳，是价值判断的标准。

华为在早期就已经形成了比较鲜明的企业文化，但其核心价值观的形成经历了不断沉淀和凝练共识的过程。2014年8月，公司成立"核心价值观定义与诠释工作组"，旨在对华为核心价值观进行明确和澄清。在明确"以客户为中心，以奋斗者为本，长期艰苦奋斗，坚持自我批判"的核心价值观之前，华为最早在2009年财报公开的版本是"成就客户、艰苦奋斗、自我批判、开放进取、至诚守信、团队合作"。

（1）成就客户：为客户服务是华为存在的唯一理由，客户需求是华为发展的原动力。我们坚持以客户为中心，快速响应客户需求，持续为客户创造长期价值进而成就客户。为客户提供有效服务，是我们工作的方向和价值评价的标尺，成就客户就是成就我们自己。

（2）艰苦奋斗：我们没有任何稀缺的资源可以依赖，唯有艰苦奋斗才能赢得客户的尊重与信赖。奋斗体现在为客户创造价值的任何微小活动中，以及在劳动的准备过程中为充实提高自己而做的努力。我们坚持以奋斗者为本，使奋斗者得到合理的回报。

（3）自我批判：自我批判的目的是不断进步、不断改进，而不是自我否定。只有坚持自我批判，才能倾听、扬弃和持续超越，才能更容易尊重他人和与他人合作，实现客户、公司、团队和个人的共同发展。

（4）开放进取：为了更好地满足客户需求，我们积极进取、勇于开拓，坚持开放与创新。任何先进的技术、产品、解决方案和业务管理，只有转化为商业成功才能产生价值。我们坚持客户需求导向，并围绕客户需求持续创新。

（5）至诚守信：我们只有内心坦荡诚恳，才能言出必行，信守承诺。诚信是我们最重要的无形资产，华为坚持以诚信赢得客户。

（6）团队合作：胜则举杯相庆，败则拼死相救。团队合作不仅是跨文化的群体协作精神，也是打破部门墙、提升流程效率的有力保障。

价值观认同是最深度的认同。随着华为品牌的全球化、业务的多元化和人员的多元化，业务战略和运作模式也在不断发生变化。面对新的挑战，华为需要发挥核心价值观驱动下的组织能动性，借用价值观的力量凝聚更多志同道合的人，用正确的价值观引领华为走向长久成功。

卡尔蒂凯耶·孔佩拉在《像品牌大师一样思考》一书中说："品牌不是产品，品牌是意义、信念和价值观。"

在乔布斯心目中，做得最好的品牌是耐克，耐克通过向伟大运动员致敬、向伟大竞技体育精神致敬，展示自己是一家什么样的企业、拥有什么样的价值观。

企业价值观对外一般是面向社会精英传播，包括有决策影响力的政商人群和有社会影响力的专家、行业媒体 KOL。对内则可以有效地统一员工的思想意识，建立统一战线和做出一致行为。好的价值观传播在说明自身立场的同时，能够引起社会的共鸣，也可以把企业自身对社会的价值呈现出来，进而建立更广范的同盟关系和社会认可。

价值观传播

对内
- 面向全体员工
- 统一思想认识
- 建立统一战线和一致行为

对外
- 面向社会有影响力的精英人群
- 分享价值理念与实践
- 促进对话和沟通
- 建立更广维度的同盟关系和社会价值认可

领导者的三个影响力

华为从2003年的阶段性困境中走出来之后，一路高歌猛进，市场规模、营收、团队等各方面的表现都堪称行业里"最亮的一颗星"。但是任何事情都有两面性，任正非曾经说道："多少公司在繁荣鼎盛时期轰然倒下，鲜花的背后可能是墓志铭。"

华为成功的路上，一直伴有不同的声音。外界对华为的真实身份有怀疑、对华为能够持续成功的原因有怀疑、对华为高额的利润和员工薪酬有怀疑；而内部员工，在股票和薪酬回报日渐丰盈的情况下，也有浮躁情绪蔓延和不求上进的情况。甚至，当互联网精神新鲜出炉之后，华为坚持了几十年的原则在员工内部开始动摇。甚至有人提出，华为应该抛弃过去陈旧的艰苦奋斗理念。

在外界鼓吹互联网将破坏旧有秩序的时候，任正非对内喊话"不要为互联网的成功所冲动""网络可能会把一切约束精神给松散掉"，呼吁大家回归本质，坚定主航道，抛弃浮夸，避免盲目创新。任总告诉大家，不要慌张，华为虽然没有在嘈杂的外部张扬，但华为的"管道"业务一直在为互联网创造着巨大价值，互联网早就融入了华为的主航道。任正非的观点一向以能够洞察事物的本质著称，理性且冷静的分析给头脑发热的华为人泼了一盆冷水。

基于多方面的考量，华为从2014年开始了系统的价值观传播，堪称用文化与价值观塑造品牌的"绝世宝典"。

布鞋扫地僧

2014年华为给到员工的股票分红创历史新高。丰厚的收入，让相当一部分员工在工作上产生了懈怠心理，加上社会上浮躁之气盛行，互联网、房地产、金融等行业大行其道，人们普遍追求一夜暴富的梦想……一部分员工口袋丰盈之后选择提前退休或者离职，甚至投身于火热的炒股大军和互联网造梦阵营。

2014年4月，华为的一张海报火了，身为院士的李小文在中国科学院大学做讲座时的一张照片迅速登顶各大网站热搜榜。照片里，李小文脚穿布鞋，衣着简朴、身形消瘦，灰白相间的头发杂乱地长着。

李小文是几何光学学派创始人、我国遥感界的泰斗，他在基础研究理论方面提出的二向性反射Li-Strahler几何光学模型，开创了中国几何光学研究的先河。他的38篇研究论文被美国科学数据库SCI引用超过557次，美国航空航天局NASA都邀请他做专题研究。这种踏实做研究、艰苦奋斗、能把冷板凳坐十年的精神让人钦佩，更冲击了大家的认知。

华为找到李小文院士，希望他能够做华为文化的代言人，并给予一笔不菲的代言费，而李小文院士却分文不收，爽快答应了合作代言。

经过授权的华为,为这张照片配上了一句文案,主标题是:"华为坚持什么精神?努力向李小文学习!"主标题下面配了一段话:"在大机会时代,千万不要机会主义。开放,开放,再开放。"华为把这个做成了海报,大量在户外投放。

这样的代言投放,和当时社会上普遍请娱乐艺人做代言的情况形成了巨大反差。当时的社会,综艺和娱乐明星盛行,社会上追星现象严重,各厂家竞相签约明星艺人做品牌代言。华为却反其道而行,在社会精英阶层形成了非常好的评价。华为也借此机会对内对外成功地讲述了公司的奋斗者文化价值观。

芭蕾脚

2015年"互联网"概念炙手可热,社会上充斥着通过互联网实现暴富的神话、各种颠覆式的商业模式。同年,做实业的华为又达到了一个发展新高峰,销售收入达3900亿元人民币,同比增长35%;消费业务收入同比增长近70%;智能手机年销售台数突破1个亿,中国市场首次超越苹果和三星,份额排名第一。

光鲜亮丽的成绩背后是辛勤的付出和很多不为人知的困难。2015年华为从美国摄影家亨利·路特威勒的摄影作品集中购买了一张名为"芭蕾舞"的图片的版权,做了简单的修改之后做成海报投放在公司展厅、机场等多个地方。画面中,一双让人看起来并不舒服的芭蕾脚倚墙而立,左脚穿着舞鞋,专业而优雅,右脚裸露着脚面和脚趾,伤痕累累。旁边配了一句罗曼·罗兰的话:"伟大的背后都是苦难。"

整个画面非常简洁,却极富冲击力。这幅画面非常好地诠释了华为艰苦奋斗、以苦作乐的企业文化,寓意华为作为全球 ICT 领导者光鲜形象的背后,是辛苦的付出,暗示华为作为一家民营企业获得的成功没有捷径和其他支持,靠的就是脚踏实地,一步一步艰难走出来的。

厚积薄发

互联网爆发的那几年,是运营商苦日子的开始,OTT 厂商和服务兴起,以即时通信和娱乐为代表的 App 抢走了大量的用户以及服务,大家不再通过打电话和发信息的方式去沟通。运营商最赚钱的"拇指经济收入"急速下滑,通话量也日趋减少。国内以微信为代表的 App 逐渐替代传统运营商的通话 + 短信功能。运营商逐渐变成了流量商,其收入和利润受到了极大影响。

领导者的三个影响力

对于运营商的困境和焦虑,华为有深刻的理解和感触。同期,除了运营商之外,也有很多知名的企业都承受着巨大的经营压力,这和华为优秀的业绩表现形成了显著的对比。外界对华为的表现非常关注,甚至有些负面的声音,质疑华为成功背后是否有政府的支持。

2016年,华为以"厚积薄发"为主题设计了一套海报作为核心传播物料,用一张张意味深远的图片故事讲述其成功之道。

第一张海报是"瓦格尼亚捕鱼人",讲战略聚焦。非洲的瓦格尼亚人生活在刚果河旁边,世代以捕鱼为生,他们用的是一种喇叭花形状的鱼笼,为了能够捕捉到大鱼,他们会选择水流湍急的地方放置鱼笼,聚焦在最有收获的区域。风险大,收获也大。图片中的瓦格尼亚捕鱼人站在激流的河道中,必须将所有注意力放在手中和脚下,来不得半点三心二意和精力的分散。华为在这张图像旁边配了一句文案"不在非战略机会点上消耗战略竞争力量"。

第二张海报是"上帝粒子",讲战略投入。欧洲核子中心为了研究上帝粒子,打造了大型强子对撞机,这个号称世界最大实验项目目的是人工模拟宇宙大爆炸的场景,创造上帝粒子。整个实验有来自全球的上万名科学家参与,耗资高达 90 亿美元,已经经历了长达几十年的研究。2012 年欧洲核子中心对外宣布发现了一种类似于上帝粒子的粒子。这个研究进展获得了国际界强烈的关注,巨大的投入终于有了一点回报。海报中的图像显示的是实验室对撞机的画面,华为在这张图像旁边配了一句文案"欧洲核子研究中心,数十年的厚积薄发,隐约听到了上帝的脚步声"。

  第三张海报是"花蝴蝶",讲战略突破。"花蝴蝶"是美国女运动员乔伊娜的外号,因为参加比赛的时候华丽的外表而得名。乔伊娜被称为是世界上第一女飞人,乔伊娜从小就练习跑步,凭借着常年坚持不懈的刻苦训练不断提升自己,最终实现突破。她于 1988 年 6 月 16 日在全美奥运选拔赛女子 100 米 1/4 决赛中跑出了 10.49 秒的成绩,至今无人超越。华为在这张图像旁边配了一句文案"0.01 秒是一生心血的厚积薄发"。

  华为用无比简洁的文案和非常形象的画面故事讲述了自己的成功之道:坚持战略聚焦,持续战略投入,不断战略突破。这背后是辛苦的付出,毕竟厚积方能薄发。

开放、合作、共赢

温热带地区有一种大型蜘蛛,雌性在交配后会咬死并吃掉雄性配偶,作为自己孵化幼蜘蛛的营养,民间称为"黑寡妇"。

华为一路发展,不断强大,产业链上的合作伙伴多少有些忌惮,担心在和华为的合作中被吃掉。这和华为秉持的"共同做大蛋糕"的理念是相悖的。

任正非曾不止一次强调开放、合作、共赢的重要性:"我们为什么要打倒别人,独自来称霸世界呢?想把别人消灭、独霸世界的,最后都灭亡了。华为如果想独霸世界,最终也是要灭亡的。我们为什么不把大家团结起来,和强手合作呢?我们不要有狭隘的观点,想着去消灭谁。""开放、合作、实现共赢,就是团结越来越多的人一起做事,实现共赢,而不是共输。我们主观上是为了客户,一切出发点都是为了客户,其实最后得益的还是我们自己。有人说,我们对客户那么好,客户把属于我们的钱拿走了。我们一定要理解'深淘滩,低作堰'中还有个低作堰。我们不要太多钱,只留着必要的利润,只要利润能保证我们生存下去。把多的钱让出去,让给客户,让给合作伙伴,让给竞争对手,这样我们才会越来越强大,这就是'深淘滩,低作堰',大家一定要理解这句话。这样大家的生活都有保障,就永远不会死亡。"

华为成为行业领导者已经是一个不争的事实，为了减少阻力，华为更希望外界看到的自己是一个谦虚的领导者。秉持"开放、合作、共赢"的理念和"深淘滩、低作堰"的态度，华为除了常规的商业合作之外，还和很多第三方机构、平台、协会开展了多维度的产业合作，致力于共同构建繁荣的生态系统，做大产业规模。如与 ITU、Intel、IBM 等组织合作强调企业开放文化和组织能力；和 3GPP 标准组织合作强调共建产业标准，和 SDN/NFV 组织合作强调开源和平台共建。在这些实际的行动之外，公司领导发言、新闻稿、营销传播物料等各方面都在不断强调"开放、合作、共赢"这一关键信息，加强信任，不做成吉思汗，不做黑寡妇。

向探索者致敬

2017 年华为集团发布了一个价值观系列的宣传片《向探索者致敬》，影片制作恢宏大气，极富科技感。

影片强调科技是人类文明发展的原动力，一项科学技术的突破，往往会造福全人类。在人类的探索史上，基础科学就像灯塔一样照亮了人类的前行之路。

这个影片一方面体现了华为的谦逊之姿——自己作为

> 后来者，站在前人和伟人的肩膀上，享受了探索者带来的福利，需要致敬和感恩；另一方面，华为已经走到了行业领导者的位置，不再是跟随者，华为需要有领导者的担当，敢于攻克基础科技与理论、敢于在未知中探索未来、敢于为行业发展寻找方向，从而展现了华为敢于对标全球顶级科技公司、为行业和人类文明献身的积极姿态。

一系列有深度内容的价值观传播，既贴合了社会语境，又充分体现了自己的文化内核，为其吸粉无数。另外，考虑到思想和文化类的传播需要采用渗透式的影响方式，因此，在传播方式上，华为采用了搭载策略，以润物细无声的方式分别落地在公司各个场景中，如展会、展厅、媒体活动、领导发言、新闻稿等。

2016年的巴展，我作为整个传播的内容负责人，首次在公司级最重要的活动中搭载传播了价值观的内容与营销物料。

企业精神是一个组织文化精髓内核的外显，我们要明晰自己企业的文化精髓，充分利用各种与外部交流的机会，呈现这种文化精髓和精神面貌。用文化精髓凸显品牌的核心价值与高度，这值得很多中国企业在品牌建设与推广过程中向华为学习和借鉴。

华为一系列有深度的内容加上有效的传播方式，获得了社会高知群体的深度认同。他们给的最多的评价是："华为有高度、有思想、值得信赖。"华为传递的理念也引起了大众的广泛共鸣和深度好感，为社会提供了正能量，一定程度上影响了社会普遍价值观。

行业领导力营销

华为营收超过爱立信，其业务上的领先已经成了不争的事实。然而，如果要真正成为受人尊重的品牌，在市场份额、营收之外，还需要构建更加全面的行业领导者形象。华为重点从三个维度构建行业领导力：思想领导力、商业领导力和科技领导力。

思想领导力
· 深入洞察并研判行业发展趋势
· 与政策制定者对话
· 为产业伙伴谋发展

商业领导力
· 基于商业成功和客观的市场成就
· 解决行业痛点
· 推动产业链发展

行业领导力营销

科技领导力
· 创新的产品与解决方案
· 从研发投入、专利获取、先进技术等多方面塑造领先形象

1. 思想领导力

华为战略规划方面的能力在行业中有口皆碑，其使用的方法论叫业务领导力模型（Business Leadership Model，简称

BLM）。BLM 是 IBM 与哈佛商学院合作研发的一套战略规划与执行的方法论，被华为应用之后不断被发扬光大，这些年已然成为行业学习的榜样。从这个名字上，我们就可以感受到这个模型的愿景。

在使用这个方法论做战略规划的时候，其中有一个非常重要的环节就是洞察，需要分别从宏观、行业、客户、竞争、自身五个维度展开详细的分析，找到适合自己企业的机会，明确未来的发展方向与目标并制定相应的策略与实现路径。另外，在 MTL 流程的应用和推进下，这个环节也进一步加强了对市场洞察和细分市场的研究。

无论是 BLM 还是 MTL，他们既是方法论、工具，同时也是一套领导力思维的训练方法，应用此方法论的企业，经过一番全盘的扫描，基本深入了解了所处行业未来的发展趋势，思考的维度和视野也会高于一般厂商。

最高的领导力是思想领导力。2015 年，时任华为运营商 BG 全球 Marketing 与解决方案销售总裁的王盛青在全球运营商 MKT 年度工作会议讲话中强调："Marketing 要做到占领行业思想领导力。"从营销的角度来看，华为思想领导力至少占据了两个思想制高点。

（1）与政策制定者对话。

2014 年 4 月，华为在一年一度的全球分析师大会上描绘了"构建更加美好的全联接世界"的愿景，并提出了无处不在的宽带、敏捷创新、极致体验的价值主张，致力于实现人与人、人与物、物与物的全面联接。

同年9月，华为在云计算大会（HCC）上，正式发布了全球联接指数（Global Connectivity Index，简称GCI），这是业界首次对国家和行业联接水平进行全面、客观的量化评估。

华为认为，联接对一个国家的经济和社会发展具有显著的影响，联接的程度与数字经济发展进程紧密相关。华为全球联接指数的首期研究覆盖了25个国家、10个行业，基于经济学供需理论以及企业价值创造体系，从国家与行业两个层面展现联接的价值。后面每年都会发布这一全球联接指数，覆盖的国家和行业不断扩大，追踪了多达79个国家在数字基础设施和能力发展方面的进展，涉及金融、制造、教育、运输和物流等诸多行业。

华为在首期全球联接指数报告中指出，联接已经成为衡量国家竞争力的重要指标，联接指数每提升1点，人均GDP就增加1.4%~1.9%，而且发展中国家的提升会明显大于发达国家。

在后面的2017年报告中也有同样的发现：每增加1美元ICT投资，将额外获得5美元的GDP回报。如果一个国家ICT基础设施投资年增长能够稳定地保持为10%，则该国未来的经济增长有望获得倍增效应。这意味着在全球经济发展出现瓶颈的情况下，联接能力俨然成为了国家竞争力的重要杠杆。

时任华为公司 Marketing 总裁的张宏喜表示："我们希望全球联接指数可以为国家发展数字经济提供全面、科学、可靠、客观的量化参考。通过与政策制定者和企业领导者共同探讨，创造新的发展机会，共建更美好的全联接世界。"

华为发布全球联接指数的高明之处是从构建国家竞争力的高度为政策制定者献言建策，其思想高度自然不言而喻。正常情况下，企业和国家是完全不对等的，而全球联接指数让华为从技术维度站在了一个同等的对话水平上，同时也把企业对社会的价值极好地呈现了出来。

（2）为产业伙伴谋发展。

2018年4月，华为在第十五届全球分析师大会上，首次发布了全球产业愿景（Global Industry Vision，简称 GIV）2025 报告，这是华为另外一个重量级的思想领导力代表。GIV2025 报告数据涵盖 170 多个国家，从万物感知、万物互联、万物智能三个维度，包含大数据产生量、企业 AI 采用率、个人智能终端数等 37 个指标，采用定量数据与定性描述的方法，基于华为自身的业务优势和对产业的判断，描绘了未来全球 ICT 产业的发展趋势与发展蓝图。

华为希望通过这样深入的研究和洞察为智能社会发展确定创新方向，为产业决策者把握发展路径和节奏，为行业数字化转型提供参考，与合作伙伴和各行各业一起，构建万物互联的智能世界。

时任华为董事、战略 Marketing 总裁徐文伟说:"华为第一次发布 GIV 全球产业展望,以面向未来为牵引,以数据和预测来展望,希望在 ICT 所驱动的智能世界打开产业版图,为多元化的 ICT 产业生态搭建迈入智能世界的基础桥梁,并与全球的合作伙伴共同构建万物互联的智能世界。"

2021 年,华为再一次发布了一个全球产业展望系列的重磅报告《智能世界 2030》。报告指出:"2030 年,通信网络的覆盖将从地面走向空天地一体,满足人们多空间、多维度的联接需求;强大的算力,助力千行万业从数字化走向智能化。"报告从医、食、住、行、城市、企业、能源和数字可信等八个领域展望 2030 年,希望通过利用新一代信息技术,让健康可计算、让生命有质量、让数据换粮食、让城市更宜居、让建筑更绿色、让出行更便捷、让产业更智能、让社会更可信。另外,华为还分别针对通信网络、计算、数字能源、智能汽车等多个产业领域输出了独立洞察报告,详细展望了 2030 年的产业状态。《智能世界 2030》系列得到了广泛的关注和认可。

除了以上提到的这两个重磅级的报告之外,华为每年还有大量的白皮书输出,以及和智库、行业分析师等深度的交流,通过这样的方式和渠道,华为向全球输出了大量的思想领导力内容,并影响着行业的发展。

2. 商业领导力

相比于思想领导力的建设,商业领导力和科技领导力方面的建设和传播要更简单直接。这里说的简单是指传播方面相对简单,毕竟商业和科技是基于真实的表现、在可见的事实基础上做传播。华为的商业领导力体现在多个方面。

(1)市场成就。

不可否认,最能直接体现一个公司商业领导力的就是它的市场表现。这方面华为在较早的时候就开始传播了,后面越来越系统化。传递的信息包括每年的营收情况、增长速度、市场排名。随着华为布局To C业务,也需要让更多的人了解公司的行业地位与商业领导力。根据美国《财富》杂志2010年公布的信息,华为2009年销售额达218.21亿美元(1491亿元人民币),净利润达26.72亿美元(183亿元人民币),全球排名第397位,成为继联想之后,成功闯入世界500强的第二家中国民营企业,也是500强中唯一没有上市的公司,这是华为首次上榜世界500强名单。次年(2011年),《财富》杂志发布世界500强名单,华为再度上榜,排名从第397位上升到第351位。

宣布进入消费者市场的华为,在2012年发起了一次主题为"华为,不仅仅是世界五百强"的广告宣传。与其说这是华为为消费者业务发起的一次广告宣传,倒不如说是真正意义上的首次面向大众做的一次集团层面上的宣传。这则广告语虽然简单，但却蕴含了比较丰富的信息。

一方面，简单直接地面向大众宣传了华为已经是一家进入了世界500强的公司。另一方面，这句话很容易让大家把华为和其他同期进入世界500强的公司做对比，华为和其他入选的具有国资背景的企业、能源型企业、垄断性企业形成了鲜明的对比。由于之前华为的知名度不是很高，这次以第三方权威机构做背书，硬核且不谦虚的宣传极大地提升了华为的商业领导力形象。

华为在这方面的营销宣传还有很多，包括商业排名、市场份额、公司经营业绩等维度，这也是华为长期选择的一种领导力营销方式，这种目前看来已经非常常见的方式，在当时能把它应用好的也只有华为了。

（2）产业贡献。

20世纪80年代，在华为创办初期，国内所有通信设备基本上都是进口的，相关的核心技术掌握在欧美发达国家手中。当时行业中流行一个"七国八制"的说法，即中国电话网市场有八种制式，分别来自七个国家：日本的NEC和富士通、瑞典的爱立信、美国的朗讯、德国的西门子、加拿大的北电、比利时的BTM和法国的阿尔卡特。这种局面对国外厂商非常有利，但给国内的电信设备生产带来了巨大的麻烦和高额成本，在设备的兼容性和互联互通上留下了很多隐患。

随着以华为为代表的中国企业的不断发展，这种被动的局面逐渐被打破，国内通信成本也大大降低。

20世纪90年代的中国，由于通信设施还很薄弱，一个家庭如果要装一部电话，初装费要上千，这让很多家庭望而却步。公用电话通话费一块钱一分钟，当时工人的平均工资一个月也才300~500元。这种情况和现在低廉的通信成本相比，形成了巨大的反差。

这些转变，得益于以华为、中兴等国产厂家的发展，彻底改变了国内通信市场以国外产品为主的竞争格局，也大大降低了通信设备的成本，为民众带来了极大的福利。

2018年，在世界移动通信大会上，华为获得"GSMA移动产业杰出贡献奖"。GSMA主席、印度Bharti公司创始人兼董事长Sunil Bharti Mittal表示："我谨代表GSMA向华为在推动行业发展方面所取得的成就表示祝贺。在仅仅三十年时间里，华为已成长为全球最大的移动网络设备供应商。华为对全球标准的贡献、其创新方法以及帮助客户和合作伙伴成功的承诺将对通信行业的未来发展产生持久影响。"

奖项是领导力的一种体现方式，标志着华为的解决方案能力得到了业界认可。华为结合自己的技术，经过三十多年的发展，和运营商一起在全球建设了1500多张网络，为世界超过三分之一的人口提供联接，使能各行各业数字化转型，建立了领先的应用，如智慧电网、智慧制造、5G火车站等。华为坚持开放、合作、共赢，与客户合作伙伴联合创新、形成良性的产业生态,并加入360多个标准组织、产业联盟和开源社区,共同推进产业数字化进程,构建万物互联的智能世界,持续为移动产业做出贡献。

3. 科技领导力

科技领导力的传播首先依赖于产品性能表现和突破性科技,但华为的科技领导力传播更多元,从研发投入、专利获取、产品技术等多方面塑造其科技领先企业的形象,也让人们感受到了华为作为中国高科技代表的企业实力。

(1)研发投入。

根据《欧盟2021工业研发投入计分牌》发布的相关统计报告,华为以174.6亿欧元的投入在全球企业研发投入中排名第二,第一名是谷歌的母公司Alphabet,微软、三星和苹果分别位列第三、第四、第五位。

另据2021年华为年报显示,2021年研发投入达到1427亿元人民币,占全年收入的22.4%,十年累计投入的研发费用超过8450亿元人民币。毋庸置疑,华为投入的研发费用在我国是最高的,比互联网三巨头阿里巴巴、腾讯和百度加起来总和都要多。

人是有认知关联和信任转化的。长期以来,华为都在不断地强调其研发投入。这种看似简单的信息通过不断强化和数据累计,会让人们形成一个非常深刻的印象,就是死磕硬科技。敢投入既代表有实力,又代表有创新力和科技力,由此华为也在人们的心目中塑造了科技自强和死磕硬科技的认知。

（2）专利获取。

华为几乎每一年都会向世界知识产权组织递交专利申请，早在 2008 年，华为全年共递交 1737 件 PCT 专利申请。据世界知识产权组织统计，华为在当年专利申请公司（人）排名榜上排名第一。同年，华为被《商业周刊》评为全球十大最有影响力的公司。

2019 年 3 月 19 日，联合国下属的世界知识产权组织公布数据称，2018 年，中国科技巨头华为向该机构提交了 5405 份专利申请，排名第一。世界知识产权组织总干事弗朗西斯·高锐评价说："这是有史以来，一家公司创下的最高纪录。"截至 2021 年，华为以 6952 件申请量连续五年在全球专利申请榜中雄踞榜首。

国际专利申请量是衡量一个国家和企业在国际上创新竞争力的权威指标。虽然上述数字只是"申请量"而非"获批准量"，但由于各个国家和企业的转化率都基本相同，因此衡量指标默认为 PCT 申请量。专利可以变现，也可以作为抵御竞争的护城河。拥有专利的数量也被看作是技术竞争力和实力的核心指标。

（3）技术突破。

通信设备制造行业中，"三流企业卖产品、二流企业卖服务、一流企业卖标准",谁占领了研发制高点,谁就拥有更多的市场发言权。华为之前在技术上的跟随战略,虽然减少了巨额投入基础研究会带来的风险,但由于缺少制高点的攻克,会导致改进型创新多、原创型创新少,很难让华为超越国际巨头而成为真正的行业领袖。

如果说,研发投入和专利获取都是过程的话,那实实在在的技术突破则更能代表结果和科技领导力。每一项技术专利背后都代表着一项技术的新突破,但大众未必都能感受得到。真正让华为占领科技领导力高位且被广泛认可的是那些极具难度的、极具行业突破性的技术,如芯片、5G 和鸿蒙系统。这三项技术突破同时也是增强民族自信的力量。

①芯片:芯片是一个巨大的产业,被称为高端制造业的"皇冠明珠",谁掌握了芯片优势,谁就站在了科技行业食物链的顶端,其重要性不言而喻。芯片具有高壁垒、高投入、高科技、长周期这几个典型特征。在这个产业里面有高通、英特尔、英伟达、联发科、三星、AMD 等巨头,多少年来都看不到中国大陆企业的身影。

华为未雨绸缪,自 2004 年,子公司海思就已经建立起了完善的芯片产品体系,包括 SoC 芯片(麒麟系列)、AI 芯片(昇腾系列)、服务器芯片(鲲鹏系列)、5G 通信芯片(巴龙、天罡系列)、路由器芯片、NB–IoT 芯片,甚至 IPC 视频编解码和图像信号处理芯片等。

领导者的三个影响力

2011年1月,任正非在公司市场大会上的讲话中强调:"我们不仅要以客户为中心,研究合适的产品与服务,而且要面对未来的技术倾向加大投入,对平台核心加强投入,一定要占领战略的制高地。要不惜在芯片、平台软件等领域冒较大的风险。在最核心的方面,更要不惜代价,不怕牺牲。"

相比于行业巨头,华为是后起之秀,其迅速崛起的过程让世界刮目相看。华为在芯片领域的持续投入和突破,不仅给其产品带来了极强的技术竞争优势,也塑造了深入人心的硬核科技品牌的形象。后来被美国制裁,这一形象被进一步深化。

② 5G:过去的1G、2G时代完全由西方国家主导,中国公司望尘莫及。3G时代,以华为和中兴为代表的企业开始在全球通信格局中呈现竞争优势并占据一席之地。4G时代,华为一路高歌猛进,在很多产品、解决方案方面以及商业表现上都成为行业第一,且在4G时代,华为在标准上已经成为不可忽视的一股力量。到了5G时代,华为的各方面优势一发而不可收拾,已具备从芯片、产品到系统组网全面领先的5G能力,也是截至目前全球唯一能够提供端到端5G商用解决方案的通信企业。

在全球5G的商用过程中,早在2018年2月世界移动通信大会期间,华为就已完成全球首个5G通话,并推出了全球首个5G终端。到2019年6月,随着中国工业和信息化部正式发放 4 张 5G 商用牌照，中国正式进入 5G 时代。华为对外公布了 5G 进展，已在全球 30 个国家获得了 46 个 5G 商用合同，5G 基站发货量超过 10 万个，居全球首位。同年，华为董事长梁华在采访中透露，华为研发 5G 技术已经有 10 年之久，持有 2570 多个 5G 专利。而在欧洲电信标准化协会发布的全球 5G 标准核心必要专利数量排名上，华为再次获得第一，其 1970 件的专利数量超出第二名的诺基亚 33%。

5G 的全面领先，让全世界看到了华为的技术实力，更让中国大众增强了和欧美比肩的底气，毕竟中国比美国在 5G 上领先，这也是中国第一次在通用技术领域实现了超越。

③鸿蒙：相比于芯片和 5G，鸿蒙面世的时间比较晚。2012 年，华为出于对谷歌如果对其断供就会难以维持生产的顾忌，开始布局自有分布式操作系统。2019 年 5 月 15 日，华为被美国列入所谓"实体清单"，谷歌 Android 服务开始对华为禁供。同年 8 月 9 日，华为在东莞举行开发者大会，在会上正式发布鸿蒙操作系统（HarmonyOS）。一时之间，鸿蒙系统成了热点话题，这种努力打破美国垄断，挑战谷歌、苹果在移动操作系统上垄断地位的尝试被视为中国科技史上的里程碑事件。

鸿蒙系统并不局限于智能手机操作系统，还包含可穿戴设备、平板电脑、PC、智慧家电等电子设备，用户在使用鸿蒙系统时，可享受终端互联互通、功能共享、信息内容无缝衔接等智慧便捷的体验。华为2022年年报信息显示，鸿蒙生态技术品牌鸿蒙智联已有超过2300家合作伙伴，2022年新增生态产品发货量突破1.81亿台，覆盖了智能家居的方方面面。

　　数字商业时代的终极竞争离不开操作系统。鸿蒙系统、芯片和5G一样都是长期以来被西方垄断的底层技术，要想在激烈的商业竞争中保持优势，就势必要在底层技术上做突破，为商业成功构建护城河。放眼望去，能够从这三个方面一起发力且取得不俗成绩的，全世界也只有华为了，其科技领导力也自然不会有人怀疑。

品牌升级

互联网、数字化、智能化以及新消费、国潮等各种因素簇拥着企业进行前所未有的变革。很多品牌开始思考品牌焕新，希望通过品牌升级或品牌焕新抓住未来的机遇，实现新增长。

然而，很多品牌的品牌升级只做了表面动作。真正的品牌焕新需要从战略高度审视，结合公司未来的发展意图和业务转型方向对品牌进行重新定位，并以此为基础对产品、研发、市场、客户运营、营销表达等影响受众认知的多个要素进行一体化布局和提升，而不是仅从营销的维度做些对外表达的换新，否则很难从根本上解决品牌面临的问题，反而让人产生换汤不换药的不良印象。

品牌在升级之前首先需要明确当前发展过程中面临的核心问题是什么，分析根本原因然后确定升级目标和方向。

> 判断是否需要品牌升级要考量的几个维度：
> ◆公司的业务战略是否发生了调整？
> ◆现有用户是不是品牌真正想要获取的目标用户，即是否需要优化用户结构？
> ◆现有的品牌定位和形象认知是否还能满足目标用户的喜好和沟通语境？
> 衡量品牌升级是否成功的几个关键维度：
> ◆品牌升级和焕新是否匹配了公司未来发展的战略定位？
> ◆是否构建了消费者新的认知，赢得了更优质的目标用户？
> ◆是否从内部牵引了大家新的工作方向，并落地到了产品、服务、营销的工作当中？

价值驱动

很多品牌和营销的从业人员都会有一个困惑，即品牌战略和公司战略有什么不同？造成这种困惑的一个主要原因是品牌这个词的定义和概念可大可小，边界不清晰。品牌战略属于公司战略，公司战略更强调顶层业务设计，品牌战略是公司业务战略的对外表达。公司业务战略的调整，必然需要品牌战略做出相应的调整。

在展开之前，有必要先简单介绍一下价值驱动的概念。价值驱动是美国著名管理学家托马斯·彼得斯和罗伯特·沃特曼在《追求卓越——美国优秀企业的管理圣经》中提出的一种使企业经营管理达到卓越境界的方法，他们认为，以明确而一贯的价值体系指导经营管理活动是优秀企业都具有的基本属性。

营销之父菲利普·科特勒在营销3.0中强调，营销3.0时代的核心特征就是价值驱动的营销。消费者被视为具有独立思想和精神追求的完整个体，期待世界变得更美好，也希望企业能够为社会的可持续发展发挥充分作用。企业需要在实现品牌的差异化和产品细化后，高举服务世界、促进社会发展进步的使命、愿景和价值观，这样才能同时契合消费者在功能、情感和精神三个层面的价值主张，进而与消费者的价值需求形成共振。

品牌升级的目的是要发挥品牌的力量，针对主要客户和利益相关者开展营销，创造和谐商业环境，驱动公司商业成功。从华为三大BG的业务角度来说，需要让运营商认可华为的行业领导力，拓展高端价值市场；让企业客户广泛认可华为能力和价值，成为主流ICT基础架构供应商；赢得消费者喜爱，提升销售溢价。

品牌要发挥驱动力，要做到品牌先行。公司在处于不同发展阶段的时候，品牌应该优先做好调整，从品牌战略层面明确下一阶段的愿景、使命、价值观和品牌定位，从而可以牵引业务发展，驱动员工和内部管理做调整和适配。愿景、使命和品牌定位有比较强的阶段性，和一个企业的能力相关，而价值观相对更加持久和稳定，代表一个企业理念层面的价值取向，所以你会发现很多企业会在不同阶段刷新愿景、使命和品牌定位，但价值观的变化一般不会太大，如果有刷新也应该微调、丰富或者系统化呈现，但底层逻辑不会变。除非一个企业的管理团队发生了很大的变化，不然不会轻易改变价值观的底层逻辑。

华为在开发品牌战略的时候对标业界"伟大品牌"的最佳实践，其中包括苹果、星巴克、IBM、P&G。通过研究发现，这些伟大的公司在品牌塑造上都秉承"价值驱动"的理念，坚守自己的承诺，驱动业务发展，赢得客户信赖。

> 伟大品牌的四个共同特征：
> ◆从业务中体现持久理念，并且在这个业务领域做得比其他人都好。
> ◆长期关注并非常了解自己的目标受众，目标受众既包括其产品的潜在消费者，也包括能传播其理念的人们。

> ◆ 拥有自己长期传承的 DNA，并能够提供差异化的体验，包括产品本身的功能，以及产品和品牌带来的综合感受与独特价值。
> ◆ 能够和社会文化产生深度的连接，代表或引领某种文化主张。

企业要做的就是基于持久品牌承诺，定义差异化价值，通过一致传播与价值交付，对内驱动业务开展，对外打造形象，赢得信任和尊重。从另外一个角度来说，企业品牌建设也是定义价值、传播价值、交付价值的过程。

> 传统的品牌建设有几个弊端：
> ◆ 以自我为中心的单向商业推广逻辑，过分强调自我和内部视角，缺少与消费者的双向沟通，无法从受众角度思考问题。
> ◆ 以产品功能和服务为中心的卖货逻辑，过分强调功能利益，缺少从情感和理念维度对品牌独特性的呈现，从而无法和消费者达到更深层次的共鸣，以至于很难建立牢固的信任感和认同。

> ◆运作上孤立看待品牌和营销,与企业愿景和业务战略脱节,所说与所做容易两张皮,缺乏主动牵引和承接的一贯性,以至于对内作用发挥不明显,对外会给消费者留下不真实、不诚恳的印象。

价值驱动的品牌和营销更加强调:

◆以客户为中心,呈现品牌与产品可以为对方带来的差异化价值,履行品牌承诺,并不断强化消费者的认知。

◆从受众角度出发,将关注点拓展到消费者甚至是整个人类社会,在更高层面表达品牌的理念和观点,影响广泛受众。

◆围绕企业核心价值观与持久承诺,结合业务战略方向,发挥品牌主动性,将品牌特质落地到产品、营销、销售、服务等体验触点,驱动业务发展和真实且一致的企业形象建设。

2011年,华为首次从IBM引入了价值驱动理念,2012年4月在公司顶层明确了华为品牌的四个核心问题:

◆ 品牌承诺：丰富人们的沟通和生活，提升工作效率。

◆ 服务对象：积极进取的人、寻求价值的客户。

◆ 差异化特质：富有激情地帮助客户解决问题，强大的技术能力。

◆ 独特体验：为客户创造价值的产品和服务，奋斗进取的华为人。

随后，华为围绕着价值驱动的核心理念开展了一系列品牌升级的动作，包括2012年以后的愿景刷新、企业标识更新等。

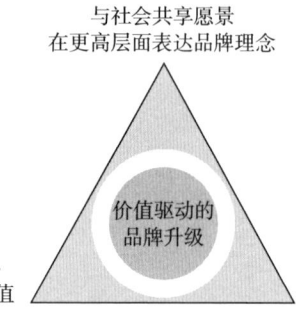

```
                与社会共享愿景
             在更高层面表达品牌理念
                     △
                价值驱动的
                 品牌升级
  以客户为中心              匹配公司业务战略
  创造差异化价值            落地产、营、销、服
```

共享愿景

管理大师德鲁克说"一个企业不是由它的名字、章程和条例来定义的。企业只有具备了明确的使命与愿景，才可能

制定明确而现实的战略目标。"

"愿景"描绘了管理者对公司未来的展望,提供了"去哪里"的全貌,描述的是公司未来的前景和前进方向。"使命"界定了一个企业经营的产品与市场范围,明确了希望为谁服务以实现"愿景",是企业自身承担的责任和义务及努力的方向,是企业"存在理由"的宣言。

经常有人分不清楚愿景、使命和价值观三个的区别,简单地说,愿景是未来的梦想、使命是存在的价值、价值观是做事的原则。

> 一个好的愿景和使命需要具备几个特征:
>
> ◆描绘的目标要远大,太具体且短期蹦一蹦就可以实现的目标谈不上是愿景和使命。
>
> ◆要切合实际,愿景和使命的方向应该和自己企业的经营业务和所处行业相关,不能无限放大、不着边际,也不能脱离可见的能力范围,天方夜谭。
>
> ◆要简单易懂,描述和用语尽量做到一看就懂,避免更多的解释。
>
> ◆要能鼓舞人心,对内能够激起员工的士气,对外能够号召更多的伙伴一起加入,要能够和更多的人关联,变成大家一起奋斗的目标。

非常多的公司在制定愿景、使命的时候只是从自身角度出发，描述的是以自我为中心的目标，和真正能够起到作用的愿景相差甚远。

愿景需要有"共享"的概念，因为只有把更多人纳入进来，才能号召大家为共同的目标一起奋斗，我们称之为"共享愿景"，也可以叫"共同愿景"。

"美国梦"是一个典型的共享愿景。美国梦是美国的民众对美好生活的追求，相信经过勤奋的工作和不懈的努力便能实现理想中的美好生活。美国梦对精神层面的追求远远胜过对物质的追求。美国著名黑人民权活动家马丁·路德·金通过《我有一个梦》号召人们，得到了广泛的支持。

华为的愿景经历了从以自我为中心到共享的发展历程。下面就各阶段的愿景和使命做一个简单的分析。

1. 成为世界一流的设备供应商

早期的华为，企业愿景是"成为世界一流的设备供应商"。很显然，这个愿景是非常内部和以自我为中心的，更像是一个业务发展目标，完全感受不到这个愿景和客户、大众、社会有什么关系，也感受不到华为的价值。但不得不说，类似华为早期的这种情况，在现在的各行各业中依然广泛存在。

当然，也不能说这个愿景是错的，愿景本身并没有绝对的对与错，重要的是它是否合适。早期属于跟随者的华为，其目标是能够在行业里立足,"成为世界一流的设备供应商"对于当时的华为来说,既是一个远大的目标,也是一个长期愿景。

2. 丰富人们的沟通和生活

随着公司发展态势的转变,华为对愿景、使命和定位做了更新。更新之后的愿景是"丰富人们的沟通和生活",这一愿景第一次正式出现是在华为2007年的财报中。

这是一句非常简单易懂的话,也是一个非常有使命感和担当的愿景,每一次客户来访参观或者公司人员出去交流的时候,都会先用这个愿景的宣传片开头。宣传片分篇章讲述了华为市场业绩、自主研发创新、专利获取、全球服务网络、国际化管理及以客户为中心的企业文化,用实际且直观的内容和信息介绍了华为的基本情况,并传递华为致力于实现丰富人们的沟通与生活的愿景。

华为的使命是"聚焦客户关注的挑战和压力,提供有竞争力的通信解决方案和服务,持续为客户创造最大价值"。从这里面可以看到有几个关键的转变:"聚焦客户关注的挑战和压力"强调的是以客户为中心;"提供有竞争力的通信解决方案和服务"强调的是华为的业务领域;"持续为客户创造最大价值"强调的是以客户为中心也是价值驱动的关键。只有客户成功了,才可能有华为的成功,只有为客户创造了价值,才能呈现华为自己的价值,这是一种共赢的理念。

在新的愿景和使命下,华为重新明确了公司定位:华为是全球领先的电信解决方案供应商。对外展现的品牌特性是:全力以赴、快速响应、开拓创新、稳健共赢。在这样的愿景、使命和定位的牵引下,华为又迈向了一个新的高度,逐渐从挑战者走向了领导者。

3. 联接无限可能

随着华为的快速发展,除了三大 BG 外,华为还衍生了很多其他业务,如芯片、海缆、能源等。这些新的业务以什么方式呈现?是华为品牌,还是另外成立其他独立品牌?公司未来的定位和业务范围是什么?这是公司品牌顶层设计面临的新问题,也是品牌战略需要回答的问题。实现了阶段跃迁的华为,未来的长期战略目标是成为行业领导者和伟大品牌,在这样更高的企业战略目标驱动之下,需要强大的品牌力量,对内打造品牌文化、对外获得全球市场的广泛认可,以此驱动公司成为行业的领导者。为此,华为在 2011~2012 年再次刷新品牌战略顶层内容,以应对更高的发展阶段带来的挑战。

业务和产品的延伸容易让大家对公司的经营范围产生疑问,即:华为到底是一家什么样的公司?借着这一次的梳理,华为充分考量了社会、行业和自身能力之后将公司定位为:全球领先的 ICT 解决方案提供商。这和之前的定位的差别在于,之前的业务领域聚焦在电信,而刷新后的 ICT 既包括电信行业通信技术 CT（Communication Technology），也包括互联网技术 IT（Internet Technology）。另外，基于这个定位梳理了 One Huawei 的品牌架构，第一次从集团品牌的维度梳理了公司品牌与各 BG 的关联关系，明确了在 One Huawei 品牌架构下，哪些使用华为品牌，哪些是独立品牌。

这是华为历史上最大的一次对品牌的系统性梳理，除了定位和品牌架构外，还定义了华为的品牌价值主张、品牌特质、品牌精粹及品牌管理的体系化运作方式等一系列内容，这里重点就品牌价值主张及其落地方式展开介绍。

这次刷新从集团层面定义了华为的品牌价值主张，即联接无限可能（Connected Possibilities）。在此之前，"丰富人们的沟通和生活"的愿景和企业的业务关联并不是很紧密，不能很直接地传递公司的业务属性。所以在变动的过程中，还曾经使用过"丰富人们的沟通和生活，提升工作效率"这一过渡方案（如上文中提及的品牌承诺）。

"联接无限可能"主要想表达的是，华为希望通过自己和合作伙伴的共同努力，把世界上所有的可能联接的人和事物联接在一起。在全面联接的基础上，帮助客户和人们实现无限的可能，包括客户的需求和商业潜力、人们的梦想和创意。

> 核心内涵是：
>
> ◆华为致力于构建一个更加高效整合的信息系统，实现人与人、人与物、物与物的全面互联，促进人们自由、便捷地沟通分享与思想交流。
>
> ◆华为希望通过将人、思想、事物紧密联接，不断为梦想注入动力，激发创新的火花，推动科技、产品及人类互动方式持续演进，创造一个更加美好的全联接世界。
>
> ◆华为服务于那些积极进取、追求价值、富有远见的企业、个人、机构和社区，华为不仅与客户一起展望，更致力于与客户携手共同实现这个全新的世界，把握未来。

品牌的运作有两个禁忌，一个是自嗨，跟客户与消费者脱离；另一个是停留在表象，和业务与产品脱离。这两个问题，无论出现哪一个，品牌都很难长久，也无法在受众心目中建立可信赖的形象，更无法支撑公司长期发展。

华为在"联接无限可能"的品牌价值主张下面又设定了三个细分价值主题：宽带无处不在、敏捷创新、极致体验。公司会在一定时间内围绕这几个价值主题集中开展营销。

（1）宽带无处不在，强调的是人们越来越渴望在任意时间、任意地点使用任何设备连接到网络，可以享受到便捷、流畅、安全的服务。这就要求网络变得更宽、更快、更智能。这个主题对应的是华为帮助客户建设基础网络的能力，及面向消费者提供的手机、电脑等各种创新设备与智慧终端。

（2）敏捷创新，强调的是在数字化快速发展的时期，云计算、大数据、智能等新的技术和趋势不断展现，各行各业需要提升自身的能力，抓住和利用新的技术和趋势，更快更好地把自己的新产品、新业务推向市场。这个主题对应的是华为为企业客户提供的帮助其提升工作效率、降低运营成本、有助于敏捷创新的存储、计算、通信、移动办公等产品和解决方案。

（3）极致体验，强调的是为了能更好地学习、工作、娱乐和生活，人们期望简单易用、快速且更加智能和友好的体验。这个主题对应的是华为交付的智能产品，以及支撑产品和解决方案极致表现的底层的技术创新与人性化应用系统。

这样的品牌顶层设计的好处是显而易见的，它有效地把品牌价值主张和营销主题、企业业务以及客户需求良好地串联在了一起，一脉相承。系统化的设计和承接也解决了华为之前营销过于分散的问题，逐渐形成了一套上下贯通、左右互锁的营销框架，有效地支撑了 One Huawei 的品牌架构。同时，为了保证 One Huawei 品牌架构能够有效落地，华为还系统地梳理了内部流程体系和组织协同方式，通过全球的管控，实现对外一致的品牌体验。

4. 共建全联接世界

在应用了一段时间"联接无限可能"这个主张之后,华为发现它虽然强调了公司业务属性和行业属性,但和用户、客户的关联较弱。华为需要一个更有号召力和广泛价值的主张。2014 年,经过华为公司高层的研讨共识,"联接无限可能"这个价值主张被更新成更有号召力的表达:共建全联接世界(Building a better connected world)。虽然这个口号是华为提出的,但是华为希望把这个主张变成整个行业的愿景乃至全社会的愿景,所以在措辞里面特别强调"共建"。新的品牌主张上升到了更高的维度,这也就要求华为从集团到各业务单元通过更高层面的营销方式,建立行业领导力,从而才有可能达到共建更美好的全联接世界的目的。

之后,华为发布了新品牌主张视频宣传片,和之前"丰富人们的沟通和生活"的宣传片不同的是,新的宣传片摆脱了以往自说自话的方式,不再是单纯的以介绍自己为内容,而是通过敏捷创新、宽带无处不在、极致体验等主题表达了社会的进步、科技的演进和人们对沟通及美好生活的追求,强调了联接对于未来生活的重要性,进而号召大家共建更美好的全联接世界。整个宣传片风格大气、国际化,体现了华为作为领导者的使命感与担当。

5. 构建万物互联的智能世界

其实,针对"共建更美好的全联接世界"属于品牌主张还是愿景，内部有些讨论，员工也容易理解混淆。彼时，公司一直未放弃"丰富人们的沟通和生活"这一愿景，"共建更美好的全联接世界"属于品牌主张，但在信息表达和传递上，已经非常像愿景的表达方式。这个阶段，内部已经开始有意识地淡化"丰富人们的沟通和生活"这一愿景表达。2017年，华为在"共建全联接世界"的基础上做了进一步更新，进一步明确了企业愿景和使命，同时也让"丰富人们的沟通和生活"这一早期的愿景退出了历史舞台。

更新后的愿景和使命是"把数字世界带入每个人、每个家庭、每个组织，构建万物互联的智能世界"。这也是至今为止一直在使用的一个表达。这个阶段，华为并没有刻意地把愿景和使命做区分，而是将它们放在一起，视为一体。

这次的刷新主要是考虑到华为集团下面的不同业务单元，"每个人"对应的是华为以手机、穿戴等终端为主的消费者业务；"每个家庭"既有消费者业务提供的终端产品，也有运营商业务提供的室内网络等产品与服务；"每个组织"则是指教育、交通、能源等企业业务。个人、家庭和组织三个维度的切分方式覆盖面非常广，往下可以拆分很多的具体场景，以及相对应的华为可以提供的解决方案、产品和服务。"构建万物互联的智能世界"则非常形象地把自己要实现的终极目标呈现给了大家，这个目标不是为了华为，而是为了每个人、家庭和组织。

在营销传播的时候,为了简化表达,华为将"构建万物互联的智能世界"作为承接愿景使命的战略沟通主题,在战略沟通主题之下再分解到不同维度,对应不同业务领域的价值主题,和营销做有效承接,实现了愿景、使命和公司业务的高度统一。根据华为官网信息,四个价值主题分别是:

(1)无处不在的联接:联接是每个人的基本权利,是人类进步和经济增长的基石。网络联接将成为无处不在的自然存在,网络将可以主动感知变化和需求,智能、随需、无缝、安全地联接人与人、物与物、人与物。随着5G时代的到来,新的联接版图正在打开。

(2)无所不及的智能:在数字经济新时代,算力将成为新生产力,数据将变成新生产资料,而云和AI将成为新生产工具。AI算力将占据未来计算中心的80%以上,是支撑人工智能走向应用的发动机。世界需要最强算力,让云无处不在,让智能无所不及。

(3)个性化体验:随着移动设备和智能终端的不断发展,多场景应用无缝体验,成为智慧生活的基石。企业基于AI、云、大数据,深刻洞察客户需求、敏捷创新,提供更加个性化的产品和服务,产业通过整合协同推动规模化创新。

(4)数字平台:人类正在经历新一轮的数字化浪潮。政府、企业将因数字化、智能化而变得敏捷、高效、生机勃勃。开放、灵活、易用、安全的数字平台,将成为实现整个社会数字化的基石和土壤，激发行业创新和产业升级。

按照惯例，华为也同步刷新了新愿景的视频宣传片，相比上一个宣传片来讲，更有生活气息，讲述的是数字、联接和智能科技为人们的生活、家庭和组织带来的便利。

标识焕新

品牌的升级和焕新一般都少不了企业标识（Logo 和 VI）的焕新，从可见效果来说，Logo 和 VI 是最容易展现新面貌的。这是很多公司做品牌升级必不可少的动作之一，也是 4A 公司热衷的项目。但我们需要明白的是，不能为了刷新而刷新，不能只做这些表面功夫。品牌视觉形象的刷新一定要基于品牌内在的升级逻辑，需要讲清楚 Logo、VI 这些视觉刷新背后的深意与想表达的品牌内涵。

常规来讲，识别企业标识分为三个方面，就是形、字、色。形是指 Logo 的形状，外形设计，也可以称之为图标；字是指文字信息，也可以称之为字标；色是指整体的颜色风格。

发展到现在，华为的 Logo 一共经历了三次刷新。

1. 2006 年之前的 Huawei Technologies

在 2006 年之前，华为的 Logo 图标是由 15 个红色的、形似火柴的东西组成，下面的字标写的是"Huawei Technologies"。15 个"火柴"聚集在一起像火红的太阳发出的光芒，也像扣着的"扇贝"。至于为什么是 15 个，市场上流传有不同的说法，比较被认可的一个说法是 15 个花瓣代表初创业时候的 15 个人。

随着华为全球化的发展和产品形式及应用场景的多样化，旧的 Logo 和 VI 系统已经不再满足新阶段的发展需求。旧的 Logo 和 VI 系统有两个典型的短板：一是整体风格和调性非常传统且带有一些"土气"，不够国际化；二是旧 Logo 的字标"Huawei Technologies"文字比较多，在 Logo 比较小的情况下，不便于识别文字内容，而且应用在产品上的时候，会涉及不同的工艺，制作起来比较复杂。

2. 2006 年的系统性刷新

2006 年，华为对 Logo 和 VI 系统做了系统性刷新。从外形上看，变成了 8 个花瓣一样的形状。色彩上沿用了红色的主色调，但增加了渐变设计，形成了具有一定的光束感的渐变视觉效果。另外，把华为字标简化成了"HUAWEI"六个字母，并对字母 E 的棱角做了弧形设计和艺术化处理。

华为新的企业标识在保持原有标识蓬勃向上、积极进取的基础上，更加聚焦、创新、稳健、和谐，充分体现了华为将继续保持积极进取的精神，更加国际化、职业化。与此同时，华为也梳理了整体的 VI 视觉系统，对营销物料、工卡设计、PPT 模板等触点做了全面的刷新。

刷新后的 Logo 和 VI 系统被使用了很长时间，直到华为消费者业务发展壮大。随着消费者业务不断发展，华为开始布局更多的终端产品，Logo 使用场景相比以往也更加多样化，且对制作工艺要求越来越高，华为 Logo 和 VI 原来应用在 To B 产品上不会出现的问题，反而会发生在消费者使用的终端产品上。华为消费者业务向集团提出申请，希望重点考虑一下消费者市场的诉求，刷新 Logo 和 VI 系统。

为此，公司专门邀请了业界顶级的形象识别顾问公司合作开发了新的方案，但几经探讨之后并未完全采纳，最终选取了一个比较折中的方式。

3. 2008 年的微调

2018 年，华为在原有基础上对 Logo 做了微调，整体依然还是保持 8 个花瓣的形状，以及红色主色调，但取消了渐变色，同时对下面的字标做了调整，原来圆润的字母 E 变得更加方正和有棱角。这里面一个重要的考量是，之前的 Logo 渐变色在不同的材质和工艺下，制作出来很容易有色彩偏差，圆润的字母 E 也不如方正的 E 便于制作和印刷。

现用标识的寓意：

◆聚焦：新标识更加聚焦，底部的核心，体现出华为坚持以客户需求为导向、持续为客户创造长期价值的核心理念。

◆创新：新标识灵动活泼，更加具有时代感。表明华为将继续以积极进取的心态，持续围绕客户需求进行创新，为客户提供有竞争力的产品与解决方案，共同面对未来的机遇与挑战。

◆稳健：新标识饱满大方，表达了华为将更稳健地发展，更加国际化、职业化。

◆和谐：新标识在保持整体对称的同时加入了光影元素，显得更为和谐，表明华为将坚持开放合作，构建和谐商业环境，实现自身健康成长。

整体来说，华为的企业标识逐渐简化和国际化。发展初期使用的企业标识主要是通过字标内容传递公司名称等基本信息；发展中期，随着知名度的提升，从以文字型为主的标识走向以图形为主的标识，通过图标形状和色彩强化大众的认知。如果华为再发展到一定阶段，不排除其舍弃字标只是用图标的情况，那时候的 Logo 就将演变成了一个符号。

全球化之路

分析华为的全球化之路,需要从 To B 和 To C 两个维度来看,两者相互作用却各有特点:没有 To B 业务之前的铺垫,To C 业务很难打开局面;没有 To C 业务的广泛覆盖,华为品牌也很难成为一个被广泛认知的全球化品牌。但从时间角度来看,首先是 To B 业务的全球化,然后才是 To C 业务的全球化,此处着重分享一下 To B 业务的全球化。

华为全球化显著特征

和全球化相近的一个词是国际化,在常规的理解下两个词的意义是一样的,但在任正非看来,两者有很大的不同。华为追求的是全球化,而不是国际化。国际化是以中国人为中心的概念,国际和国内是相对的。中国人培养的、会讲英文、会西方管理、派到世界各地去,这叫国际化。华为不是国际化,而是全球化。全球化强调的是全球本地化,与当地结合的更紧密,在当地发挥本地价值。

企业的全球化,远远不止是把产品卖到全球这么简单,产品卖到全球，充其量是实现了出口贸易全球化。随着改革开放和中国综合实力的增强，中国制造在全球发挥了重要作用，越来越多的企业走向了全球化。

今天，除了华为外，还有很多国产品牌被全世界所称道，如 OPPO、vivo、小米等。中国企业纷纷走出国门，有的在海外办厂，有的收购世界知名公司的股份和部门，有的甚至把他们全部并购下来，以多种方式参与国际化竞争。

如果时间倒退一百年，中国基本上没有企业有能力走向世界。倒退十几年来看，能被全球认可的品牌也是凤毛麟角。

根据美国《财富》杂志公布的数据，华为2009年成为继联想集团之后，成功闯入世界500强的第二家中国民营科技企业，也是500强中唯一一家没有上市的公司，排名第397位。其他上榜的中国企业，以国字头企业和金融、能源型企业居多，他们在高科技含量这方面，与华为相差甚远。华为的全球化，堪称中国企业的典范，为很多企业提供了可贵的参考经验。

华为在中国市场上取得了骄人的业绩。2002～2009年，华为在国内的市场份额不断攀升，主流产品在国内市场份额甚至超过了40%，但也面临国内运营商大规模基建逐步放缓、国际巨头也在进入国内抢夺市场的挑战。遇到瓶颈的华为，无论是从寻求新的市场机会还是从防守来看，都需要开拓更大的市场，寻找新的增长空间，以保障公司的健康成长。

可以说，华为的全球化是以生存为底线的全球化。另外，从全球经济环境方面来看，2008年开始的金融危机，使得西方多国纷纷出现财政困难，减少了对通信设备的投入，这反而给低产品价格的华为公司带来了机遇。

华为的全球化有几个显著的特征：

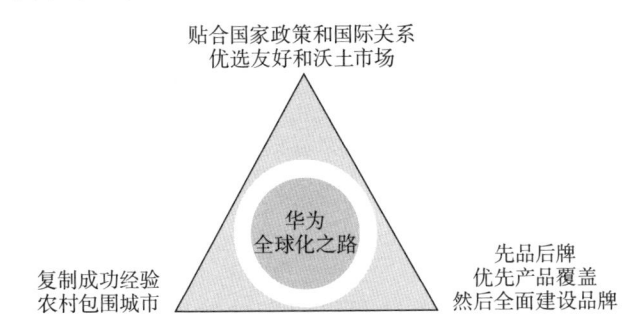

```
                贴合国家政策和国际关系
                 优选友好和沃土市场

                      ┌───┐
                      │华为│
                      │全球化之路│
                      └───┘

   复制成功经验              先品后牌
   农村包围城市              优先产品覆盖
                           然后全面建设品牌
```

1. 贴合国家政策，紧跟国际关系，优选对华友好、具有潜力的沃土市场

不得不说，华为是乘着中国改革开放的东风前进的，在全球化之路上，华为也借助了国家发展的势能，这和电信行业的属性有很大关系。

通信是一个国家的基础设施，涉及国家的信息安全，如果没有两个国家间的信任关系做基础，任何企业都很难进入这块市场。

华为深谙其中道理，这一特征在华为全球化的初期表现比较明显，华为先后进入了中国香港地区、非洲第三世界国家以及俄罗斯市场。

俄罗斯市场对于华为的全球化发展来说，具有里程碑意义。通过俄罗斯的市场突破，华为总结了很多经验，这也为进一步突破欧洲市场提供了很好的借鉴。苏联解体后，俄罗斯在电信领域实行自由竞争的政策，政府管制放松，支持通信企业参与国际化竞争。国际总体政局的稳定、中国与俄罗斯国家的友好关系为华为营造了一个比较友好的国际经济环境。

继俄罗斯之后，随着更加宽松的国际环境和中欧合作的不断加强，华为开始打入欧洲市场，进而进入日本并尽力攻克北美。

2. 复制华为成长过程中的成功经验，首选和自己阶段性能力相符的区域，找到差异化优势，确保攻之可破

华为在国内的发展和全球化走的都是"农村包围城市"的道路，在"狮子"无暇顾及的边缘市场活动。这种策略的好处是显而易见的，在自己还没有足够壮大的时候，选择边缘市场有助于减少竞争阻力，充分发挥自己的成本优势和差异化能力。

华为前期主要从地域和产品两个维度来分析和切分市场，从而选定自己的细分市场。世界通信市场大致可以分为欧美日发达国家市场与亚非拉欠发达国家市场。在欧美日，市场发育成熟，主要由西方通信巨头控制着，格局很难撼动。欠发达市场上有通信建设已经起步的中国、俄罗斯、中东等，

虽然市场上的产品提供者也是西方大公司，但尚有市场潜力。而在拉美、非洲和东南亚落后国家，电信基础设施投资尚未或将要起步，西方公司并未把这些地方当作战略市场，竞争环境相对来说比较宽松，而且这些落后地区对价格相当敏感。

早在1995年，华为就开始开拓非洲和亚洲市场。1996年，华为开始进入俄罗斯市场。1997年，俄罗斯经济又陷入低谷，西门子、阿尔卡特、NEC等公司纷纷从俄罗斯撤资，俄电信市场投资也几乎停滞。整整四年，华为几乎一单皆无。但在国外巨头纷纷撤资减员的情况下，华为坚持了下来。这份执着换来的是客户的信任。2000年，华为斩获乌拉尔电信交换机和莫斯科MTS移动网络两大项目，拉开了俄罗斯市场规模销售的序幕。2002年底，华为又取得了从莫斯科到新西伯利亚国家光缆干线系统3797公里超长距离的订单。到2003年，华为在独联体国家的销售额超过3亿美元，位居独联体市场上国际大型设备供应商的前列。

随着东欧、南欧市场的相继打开，华为开始挺进更加发达的西欧，并把欧洲地区的中心设在巴黎。

3. 先产品后品牌，优先保证产品在市场上的覆盖和突破，然后全面建设品牌

企业在进入一个新的市场的时候，普遍会考虑一个问题，就是先保证产品销售还是先打品牌。其差异点在于，如果选择优先保证产品销售，你就要考虑哪些产品最能快速抢占市

场，实现获利。最能快速抢占市场的产品往往是主打性价比的产品，当地消费者对企业的认知等同于对这个产品的认知，问题是性价比产品传递的认知和品牌建设的方向不一定一致，这也就意味着需要在短期内牺牲品牌建设，在市场稳定之后再慢慢扭转品牌形象。如果选择先打品牌，则会优先考虑那些代表品牌的产品，而这样的产品未必有好的销售量，甚至要持续一定时间的亏损。这样做的好处是在进入市场的初期就能够建设符合未来发展方向的品牌形象。

当然，两者是一个相对概念，选择其中一个并不意味着一定要摒弃另外一个。对于华为来说，华为在全球化的初期优先选择的是产品的销售，以此保障市场和营收。这个现象在以 To B 业务为主的阶段表现的不是特别明显，但进入 To C 阶段后就很明显。先用适合销售的产品试水，在市场稳定、有一定的产品覆盖之后品牌建设快速跟上，全面建设品牌形象。

业务的全球化是首要且关键的一步。在实现了业务的全球化之后，需要构建能力的全球化，包括生产供应能力、管理能力等，如组织、人才、安全合规、文化适配……

华为全球化标志性事件

1999~2001 年，在这两年里，华为的代表处开始遍及全球，分布在四十多个国家，华为在海外布局了六大地区：亚太、拉美、欧美、南部非洲、独联体和中东北非,并初步建立了以客户为中心的组织。为了支持海外业务的发展,当时华为还曾经要求国内代表处各出 1～2 名干部奔赴一线。快速的布局和市场突破在任正非眼里并不代表成功,这些只能算是为了实现全球化和走向全球商业成功的手段和措施,衡量成功还需要营收、利润、影响力等多方面的参考。

全球化的过程并非一帆风顺。据说 2002 年任正非在西安曾经感慨:"华为的国际化已经八年了,八年抗战都胜利了,我们屡战屡败、屡败屡战,到今天还看不到曙光。"

2005 年,华为的海外合同销售额首次超过国内合同销售额。这对华为来说是一个里程碑式的节点,代表着华为的市场重心和收入来源发生了迁移。自然,公司在管理和资源倾斜方面也需要做出相应的调整。

同年,还有一个标志性的事件:华为正式成为英国电信(British Telecom,简称 BT)首选的网络供应商。英国电信集团是一家世界领先的通信解决方案提供商,服务客户覆盖欧洲、美洲及亚太地区。其主要业务包括网络 IT 服务、本地网、国内国际的电信服务、高价值的宽带及网络产品和服务。在 2003 年全球电信运营商 50 强的综合排名中,英国电信排名第四,堪称世界一流。

世界一流运营商对供应商的认证,分为一般供应商、核心供应商、战略供应商及合作伙伴四个层次。层次越高合作越紧密，对供应商的要求也就越高。他们对战略供应商及合作伙伴的认证评估非常严格，涉及公司战略规划、国际化运作的管理体系、关系管理、风险管理、产品技术与研发管理、供应链管理、技术服务管理、质量管理、端到端项目管理、企业社会责任、安全管理等十多个方面。

英国电信自 2003 起开始对华为进行供应商评估，对包括华为在内的全球 60 家运营商进行认证。英国电信第一次考察华为的时候，发现一家中国公司竟然有 IPD 这样的国际化流程，这完全超出了他们的预料。

接受英国电信的评估也是给自己做个"全身体检"。初次体检，华为出现了一些不合格的地方，好在综合得分达到了及格线。英国电信并没有放弃这个基础不错的企业，提出可以帮华为改进，每半年会对华为进行一次改进辅助和评估。

经过了长达 2 年的认证，最终 8 家供应商进入了英国电信"21 世纪网络"的采购短名单，华为进入了综合接入和传输两个领域的合作名单，成为唯一一家同时进入两个产品领域的供应商。英国电信认为华为在很多方面已达到业界最佳的标杆水平，并达到了英国电信战略供应商的要求。2005 年 4 月 28 日，英国电信对外宣布了其"21 世纪网络"供应商名单。

华为英国代表处代表陈朝晖表示："此次合作对华为来说具有战略性的意义。BT 的'21 世纪网络'是一个前所未有的解决方案,我们非常高兴能成为 BT 的合作伙伴,共同提供'下一代接入解决方案'。我们也很高兴能够同时提供世界级的传输产品来构建英国的国家骨干网,以连接 BT 的接入网和城域网。我们希望协助 BT 建立一个能使整个英国受益的 21 世纪网络。"

英国电信的认证就像一次业界最高水平的考试,促使华为从"游击队"向"正规军"转型。这次认证让华为看到了自身在管理、流程、产品开发、服务交付等方面与国际一流标准的差距。另外,获得英国电信的认可就像获得了欧洲这一全球高价值市场的通行证,从此欧洲市场开始真正向华为开放,随后华为陆续获得了澳大利亚电信、西班牙电信、沃达丰的认证。

华为对欧洲市场的突破,可谓是全球化进程中的一大进阶。欧洲人对品质和质量的重视使得价格战策略无法施展,因此华为将自己的策略从价格战转变为高质量,努力从中低端品牌向高端品牌转变。

披荆斩棘,筚路蓝缕。到了 2010 年,华为首次入围《财富》世界 500 强企业名单,以 218 亿美元的年销售额排名第 397 位,净利润达 26.7 亿美元。同年,华为成为全球第二大通信设备制造商,仅次于爱立信。全球化企业的称谓,华为已当之无愧。

与世界握手,就把世界握在了手中。华为在全球化的路上，破除了狭隘的民族自尊心、狭隘的华为自豪感以及狭隘的品牌意识，走出了一条具有自己特色的全球化道路，先后实现了产品与解决方案的全球化、管理和能力的全球化、品牌的国际化和责任的本土化。

华为全球化的成功，不仅是华为自身的成功，还给中国企业打了一剂强心针，让无数中国企业觉得，即使是在类似ICT这么高科技、高难度的行业里，中国企业也有登顶的机会；让中国企业在崇拜华为的同时，对自己未来的发展也有了信心。

下 篇
多元化时代

多元化转型

华为在前二十多年中,很好地洞察了信息时代的发展趋势,抓住了信息基础设施领域的巨大发展空间和市场机会,并在发展中形成了一套正确的发展思路和路线。在这个过程中,营销分别承担了获客、挖掘机会线索、做大市场、塑造领导力等重要任务,助力华为实现了从跟随者到挑战者再到领导者的转变。

然而,在通信领域,尤其是在 To B 运营商市场,全球的客户非常的集中且相似;另外,其商业模式也比较稳定,产品逐渐标准化,代际变化相对缓慢,运营商领域的增长存在不确定性。

随着互联网、大数据、智能技术的发展,数字化革命催生了更多的机会,企业未来将面临崭新的商业环境和业务模式。

2010 年 12 月 3 日,任正非带着徐直军、郭平等高管和终端核心骨干开了一次影响深远的座谈会,在会上明确提出了终端未来战略方向,即放弃运营商定制的白牌业务模式,直面普通消费者,做自有品牌。

2011年,华为在年报中明确了未来为适应信息行业正在发生的革命性变化而做出的面向客户的战略调整,华为的创新将从电信运营商网络向企业业务、消费者领域延伸,协同发展"云—管—端"业务,积极提供大容量和智能化的信息管道、丰富多彩的智能终端以及新一代业务平台和应用,给世界带来高效、绿色、创新的信息化应用和体验。

2012年,华为顶层组织架构大调整完成,成立了运营商业务CNBG(Carrier Network Business Group)、企业业务EBG(Enterprise Business Group)、消费者业务CBG(Consumer Business Group)和其他业务,其他业务的分量和占比几乎可以忽略不计,后来也就习惯用"三大BG"来形容华为的业务布局。自此,华为的业务和客户走向多元化发展时代,通信设备业务的客户是运营商,政企业务的客户是企业、政府及公共事业组织等,智能终端业务的客户是广大消费者。

相对传统的运营商业务而言,To C的消费者业务是和其传统业务差异最大的,然而,这一刚开始并不被看好且差异巨大的业务,却是华为后来发展最快、最见成效的。以下将重点从To C的消费者业务展开华为信任营销与品牌塑造的过程,如非特别强调,下文中提及的华为品牌即是指华为手机品牌。

To B 与 To C 的差异

可以说,华为手机业务的品牌和营销既继承了华为集团系统化的优势,又掌握了 To C 业务的灵活性与创新性。当然,在具有这方面的能力之前,华为 CBG 做了很多探索,也走了一些弯路。毕竟 To C 业务和 To B 业务的开展逻辑有很大差别,相应的营销和品牌建设方式也有所不同。

(1)受众不同:To B 业务的客户不等于用户,而 To C 业务的客户往往都是用户。客户是指直接和你合作或产生交易的对象,用户是使用你产品和服务的对象,两者存在差异。通常来说,To B 业务的行业壁垒和门槛会高一些,To B 的从业者由于存在行业壁垒,通常在行业里从业时间比较长,拥有相关的职业和社会经历,平均年龄会更高一些。而且和 To B 业务客户谈合作,你的客户往往不是一个个体,而是一个企业和团体。而广义的 To C 客户,年龄范围则和产品、服务有很大的关系,不同品类差异也很大。

(2)渠道不同:To B 业务绝大部分都需要当面沟通、谈判、交易。To C 则更加灵活,强调广覆盖和易获取,线上渠道更容易发挥优势。另外,由于受众不同,在采取触达、获取客户的渠道选择上也不同。To B 的客户更加倾向于通过专业的第三方平台获取多维度的信息,To C 的客户则可以直接通过零售店、销售平台了解信息,直接购买。

（3）产品逻辑不同：To B 业务的产品和服务涉及一个企业多维度的需求，如一个服务于企业的软件系统需要考虑到功能设计、流程制度、角色配置、部门间协同等，非常复杂。用于企业的路由器，功能设置、使用和安装也比家庭路由器更复杂。To C 业务的产品和服务则简单很多。

（4）决策逻辑不同：To B 业务往往是集体决策，遵循客户企业的采购流程和决策逻辑，层层审核。如果涉及长期的合作和运维服务等，客户在做决策的时候除了评判其产品服务的品质和价格优势外，还需要衡量供应商的合作态度、综合实力及企业发展的持续性。再者，To B 业务的决策者还很可能会衡量一次商业合作对于个人前途的影响，比如是否可以为自己创造业绩、是否有利于在企业内部体现价值等。To B 业务的决策链长，周期久；To C 业务因为面向的是个体消费者，以个人决策为主，决策链要短很多，消费者在购买的时候只要看产品和服务是否满足自己需求、是否属于自己喜欢的品牌就行了，对于企业本身情况的考虑会弱很多。

总体来说，To B 的受众更理性，考虑更全面，更倾向专业和可靠性；而 To C 的受众更倾向性价比，更容易受感性因素影响。鉴于以上几个本质的差异，在营销和品牌塑造过程中，采用的沟通方式会有很大差异。这一点，刚开始接手华为 CBG 业务的人深有感触。

To C 品牌形成之路

华为手机业务整体上也是经历了如同华为集团 To B 业务类似的发展阶段,从刚开始榜上无名的跟随者,慢慢发展到具有一定实力的挑战者,进而发展成为后来的领先者。这是华为手机业务的成熟之路,也是高端品牌建设之路。

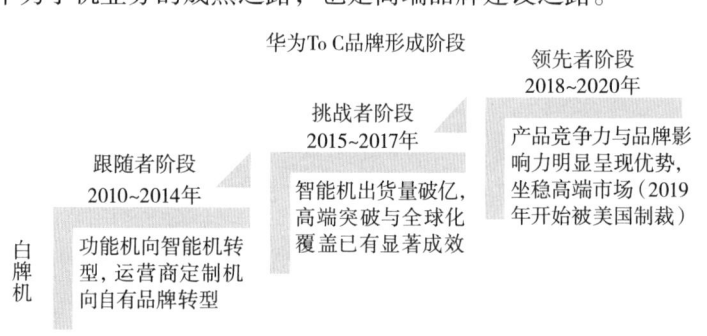

华为To C品牌形成阶段

白牌机		
跟随者阶段	2010~2014年	功能机向智能机转型,运营商定制机向自有品牌转型
挑战者阶段	2015~2017年	智能机出货量破亿,高端突破与全球化覆盖已有显著成效
领先者阶段	2018~2020年	产品竞争力与品牌影响力明显呈现优势,坐稳高端市场(2019年开始被美国制裁)

1. 第一阶段:跟随者,转型探索期(2010~2014年)

华为做手机产品可以追溯到2003年,但一直做的是运营商定制机,具有量大、单价低、毛利低的特点。华为财报显示,2010年华为终端发货1.2亿台,实现销售收入人民币307.48亿元,同比增长24.9%。华为C8500于2010年8月上市,凭借其新颖的15联屏设计及深度融合人人网、开心网等SNS功能,迅速在消费者中走红,率先成就了百日破百万的销售奇迹。毋庸置疑,手机市场是一个巨量的赛道,对于已经在运营商定制机方面积累了一些经验的华为来说,蕴藏着难得的机遇。但要真正在手机赛道有所突破就要改变固有的商业模式，因此也不难理解上文中提到的华为转型的决策。

华为从 2010 年开始明确建设自有品牌。2011 年 10 月，华为高管带领核心骨干在三亚重点研讨了终端业务的战略方向和发展路径。12 月 15 日，华为任总签发三亚会议决议，进一步明确了华为手机做高端、做精品的方向，并明确华为消费者业务的起点和终点都来自最终消费者，一切考量都应以消费者为中心，为消费者做好的产品和提供好的体验。

这个目前看起来是个常识的问题，对于在当时做了二十多年以 To B 业务客户为主的华为来说却是一个巨大的转变。然而，对于这种变化，刚开始的时候，外界包括很多客户不理解也不相信华为能成功。毕竟在当时全世界很少有公司在 To B 和 To C 领域同时取得成功。甚至，当时有媒体评价华为进军消费电子领域时，一度用"疯了"来形容。

2012 年 4 月，华为手机业务把重心转向智能机，正式推出 Ascend 系列，并发布了首款品牌机 Ascend P1。Ascend 取义 "上升" 的意思，希望对标三星的 Galaxy，走出自己的高端之路。和 Ascend 同期的还有 Diamond 钻石系列，定位顶级科技旗舰；Platinum 铂金系列，定位高端时尚；Gold 黄金系列，定位中档智能机；Youth 年轻系列，定位入门级智能机。

一向敢说敢做的余承东在接手消费者业务之后，2012 年 9 月在微博上发帖说明了七大战略调整：第一，从 ODM 白牌运营商定制向 OEM 华为自有品牌转型；第二，从低端向中高端智能终端提升；第三，放弃销量很大但并不赚钱的超低端功能手机；第四，弃用华为海思四核处理器和 Balong 芯片；第五，开启华为电商之路；第六，启动用户体验 Emotion UI 设计；第七，确立硬件世界第一之目标。

2013 年 6 月，P6 成为华为首款在国内销量过百万的机型，全球销量 400 多万部。从 P6 开始，华为把旗舰产品的发布会搬到了海外，比如巴黎和伦敦这些具有国际影响力的城市。2014 年华为弃用了并不成功的 Ascend 子品牌，并用 Mate 系列取代了 D 系列。同年 Mate 7 主打"大屏+续航"，搭载一触式指纹，商务定位，在中国大获成功。借此，华为的 P 系列和 Mate 系列确立了其市场地位。

这一阶段，属于华为向 To C 转型的初期，从思维到产品生产设计、上市销售、渠道、服务、品牌、营销都在重新构建。这一阶段的营销是学习摸索的过程，前期既没有明确的产品定位及品牌价值主张，也没有找到属于自己的打法，余承东曾经用一句非常直白的话来表达这个阶段的困境："甚至连华为的销售都不知道如何说服客户去选择更贵的手机。"

转型的过程是痛苦的，短期内的损失也很大，但对于华为和余承东这种"长跑型选手"来说，这都是阶段性的困难，因为有更加远大的目标在前面。

2. 第二阶段：挑战者，高端起势期（2015~2017年）

华为以双旗舰模式运作，在中国取得了显著成功，同时海外不断破局，华为产品在高端市场的份额持续增长，高端形象得到了显著提升。

这一阶段，手机行业的竞争态势趋于明朗，竞争格局基本形成，国内除了华为之外，主要有OPPO、vivo、小米、酷派、魅族等。从全球范围来看，国外品牌苹果和三星依然雄霸全球。从最开始就树立了行业远大目标的华为，在找到了自己的产品规划和上市节奏之后，开始更加明显地向苹果和三星发起挑战。从产品上，华为先以功能单点突破的方式，逐渐形成自己的产品特点，从而取得局部竞争优势；然后随着竞争力的不断提升，逐渐扩大差异化优势，进而慢慢不断取得胜利。

2015年对于华为来说意义非凡，华为智能手机的出货量突破1亿部，也是历史上第四家实现一年内出货量超1亿部的手机厂商，其他三家分别是三星、苹果和诺基亚。IDC公布的统计数据显示，从2015年全球的市场份额来看，华为以7.4%的份额排名第三，和第一名三星22.7%、第二名苹果16.2%的成绩还有很大距离。IDC资深研究经理Melissa Chau表示："虽然大家对智能手机市场的关心一直以三星、苹果为中心，但随着华为的强势介入，这个市场将上演一场'三国演义'。"

随着产品和市场的全球化拓展,华为在随后的几年均保持了强势的发展势头,在大众消费者层面建立了广泛的品牌可信度。

华为在这一阶段的最大成就是实现了高端破局和品牌全球化覆盖。这段时间,华为集团充分发挥了双品牌的竞争优势,定位各有侧重,市场高低互补,内部充分协作。华为品牌的双旗舰配合技术、上市节奏、受众差异等战略取得了非常显著的效果,在全球层面上构建了科技领导力的核心认知。同时,也通过品牌合作等方式配合产品的硬实力,极大地提升了华为品牌形象和可信度,高端认知直逼三星和苹果两家头部品牌。

IDC数据显示,2017年国内智能手机市场排名前五的品牌分别为华为、OPPO、vivo、小米以及苹果。华为(含荣耀)以20.4%的市场份额占据中国第一的位置。同年,华为在海外也取得了突破,在个别国家和区域取得了份额第一的好成绩。IDC数据显示,2017年全球智能手机市场份额中,华为稳坐前三的位置,与三星和苹果的差距越来越小。

3. 第三阶段:领先者,高端成型期(2018~2020年)

华为扶摇直上,无论是从产品竞争力还是品牌影响力方面都比以往有了巨大的提升,在安卓阵营中,其地位已经出现了取代三星之势。在生态布局方面,华为通过"1+8+N"的战略逐渐丰富多场景的智能产品,而同期的苹果在技术创新方面乏善可陈，因此曾经一些苹果的死忠粉也逐渐开始动摇，转而选择华为。

根据 IDC 发布的统计数据来看，2018 年三星市场份额 20.8%，依然位居全球智能手机第一的位置，苹果和华为分别以 14.9% 和 14.7% 的市场份额位居全球第二和第三。从数据上不难看出，苹果虽然位居行业第二，但其优势非常微弱。苹果的出货量在 2018 年四季度同比下滑 11.5%，全年出货量同比下滑 3.2%，在美国和中国都经历了最糟糕的一年。另外，三星虽然保持了第一的位置，但三星在 2018 年第四季度出货量同比下滑 5.5%，同时市场份额再次下滑，从 20% 降至 18.7%，全年出货量相比去年有 8% 的下滑。反观华为，则一直保持高增长势头，2018 年第四季度同比增长 43.9% 的傲人业绩让人印象深刻，全年同比增长 33.6%。IDC 表示，虽然中国市场为华为贡献约一半的出货，但随着国际化脚步的成功，几乎每进入一个国际市场华为都在赢得胜利。而且随着 5G 的逐渐商用，华为的优势愈加明显，市场份额第一的位置指日可待。

然而，时间来到 2019 年，美国开始对华为进行制裁。华为在接下来的三年时间里承受了来自美国的四轮制裁。2019 年 5 月 16 日，美国将华为列入贸易管制黑名单，禁止华为以及附属的 70 家公司与美国企业进行业务往来。随后谷歌宣布不再为华为提供 GMS 框架服务，导致华为手机无法在海外正常使用，同时多家美国芯片突然断供。2020年5月15日，美国对华为的制裁全面升级，要求所有使用美国技术的厂商，向华为提供芯片设计和生产都必须获得美国政府的许可，这直接导致台积电、三星甚至是国内的中芯国际都无法给华为制造先进制程的芯片，高端手机产品使用的麒麟芯片无法生产。2020年8月17日，美国再次公布了针对华为新一轮的制裁措施，进一步限制华为使用美国技术的权限，同时将38家华为子公司列入实体清单。2021年3月，美国开展了对华为的第四轮制裁，限制华为的器件供应商，只要涉及美国技术的产品，就不允许供应华为5G设备；这一项禁令公布之后，导致华为余下的5G芯片只能当4G芯片使用，而这也是为什么华为后来生产的P50系列不支持5G的原因。

西方不亮东方亮，"危"中总有"机"。经历美国制裁的华为，显然在经营和市场上都受到了非常明显且严重的打击。但华为在任正非的带领下，走出了一条不畏强权、奋勇抵抗的"苦难英雄"之路。

美国对华为的打压，一方面让全世界相信了华为的与众不同和隐藏的实力，另一方面则在中国国内掀起了一场大众爱国热，国内市场更加认可和信赖华为品牌。行业调研数据显示，2019年华为在中国市场的品牌偏好程度达到了46%的历史新高度。此阶段的华为已经形成了明显的差异化势能，产品愈加创新，出现革命性的演进，自己的节奏和打法愈发清晰和稳固。

IDC 统计数据显示，2019 年，华为超越苹果，以 17.6% 的市场份额位居行业第二位置，和行业第一三星 21.6% 的市场份额差距进一步缩小。根据 IDC 的统计，从出货量上看，三星 2019 年全年出货量达到 2.957 亿部，同比增长 1.2%。第三位的苹果品牌，2019 年出货量为 1.91 亿部，同比增长 -8.5%。华为全年的出货量为 2.406 亿部，同比上涨 16.8%。华为虽然遭受了来自美国的制裁，但势头依然很强劲，这其中很大程度上得益于中国市场。同样，IDC 数据显示，2019 年中国智能手机市场中华为排名第一，市场份额 38.3%，其次是 vivo 和 OPPO，市场份额分别为 18.1% 和 17.1%。（备注：本书中提及的华为的销量和市场份额，如非特别说明，均指包括荣耀的数据。）

纵观华为手机发展的历程，最核心的战略是高端品牌战略，有了高端支撑，才能形成技术、能力、利润、市场等多维度的正向循环运作模式。而成为市场上被接受的高端品牌的先决条件是"值得信赖"，信赖感是维系品牌高端发展必备的基础属性，否则，一切都不复存在。当然，支撑高端的技术创新也是必需。信赖感的建立需要循序渐进，通过科技创新让消费者感受到产品表现的改善和提升，让消费者信任你的能力，进而愿意付出更多的费用购买产品。

品牌信赖感的建立也是一个漫长的过程，华为手机一路走来，做了很多尝试，也走了一些弯路，但大的战略方向并没有出现明显错误，并且在学习和摸索中，在整个品牌建设过程中不断和用户、大众、社会组织等构筑了强有力的信任关系，蹚出了一条适合自己发展的路，把一个民营企业品牌做成了民族企业的骄傲和国际领先的消费者品牌。在此，有必要将其成功的关键要素总结提炼，供更多的企业和营销从业者参考。

华为手机业务能够在极短的时间内做成全球头部品牌，除了由于在每个阶段角色转变较快外，更要归功于其顶层设计、策略实施、能力构建等方面。结合华为真实的实践，我从不同的维度总结了几个"双"效果：双品牌、双旗舰、双驱动、双突破、双对标、双加持、双促进，是它们交织在一起建立了市场和消费者对华为品牌的信任体系，包括品质的信任、能力的信任、实力的信任、安全的信任、情感的信任等。

双品牌：掎角之势

2011年8月16日，互联网上一款叫小米M1的手机火了，随后面向公众开放预订，22小时卖出30万台。这在当年绝对开创了手机界的神话，专为年轻人设计的手机品牌就这么平地惊雷般地诞生了。自此以后，小米手机便像"开了挂"一般。借助着互联网之风，小米作为行业的后入者，以前所未有的模式野蛮生长，抢占市场。

华为在最开始并未把小米放在眼里，但随着小米模式不断被市场验证成功，华为开始反思，进而也加大了对小米的警惕和防御。当一个品牌壮大到一定程度、获得了较高的市场地位之后，就必须考虑如何防止自己的市场被人抢夺。

没有谁能比华为更了解竞争防御的重要性。华为公司从最开始的名不见经传，到通过性价比和服务打出了一条"农村包围城市"的道路，最后通过技术突破把西方老牌行业巨头打得落花流水。因此，当已经成为行业领导者的华为看到有尾随的竞争者的时候会非常警惕，即便是在低位竞争的同行。

和大多数企业应对竞争的方式不同的是,面对小米的快速发展,华为并没有直接用华为的品牌和小米直接竞争,而是选择了一个高级战术——打造子品牌。

2013年12月,华为宣布荣耀作为独立品牌运营,面向年轻人群主打中低端手机,走互联网模式,以线上渠道为主,轻资产运作。

荣耀原本是华为手机品牌下面的一个系列,刚开始运作的几年,产品口碑还不错,性价比比较高。荣耀被宣布成为独立子品牌之后,并不是以独立的企业运作的,所谓的独立主要是品牌与营销层面的独立,其研发、生产、供应链、采购等很多地方都是和华为手机业务共享的。

华为母品牌则定位高端机,以线下渠道为主,同时在整体经营上为荣耀提供坚强的后盾支持。

余承东对于华为和荣耀双品牌运作打了一个很贴切的比喻:华为的定位像宝马,专注高端商务市场;荣耀的定位像MINI Cooper,面向潮酷的年轻人。两者定位不同,但同宗同源。这种状态一直延续到2020年11月18日,华为在被美国制裁的情况下,为了获取现金流将荣耀卖出,从此以后荣耀不再属于华为,其双品牌模式也相应终止。

多品牌运作在全球范围内有非常多的案例,如宝洁、大众集团。具体到手机行业,华为集团下面手机的双品牌无疑是最为成功的,从运作效果看,华为和荣耀双品牌至少发挥

双品牌：掎角之势

品牌	华为	荣耀
	华为双品牌	
愿景使命	把数字世界带入每个人、每个家庭、每个组织，构建万物互联的智能世界	创造一个属于年轻人的智慧新世界
战略定位	高端品牌，对标苹果、三星，全渠道覆盖，高毛利，高溢价	中低端互联网品牌，对标小米，主打线上轻资产运作，追求性价比，为华为"守北坡"
品牌定位	国际化、高端化、时尚化、全球标志性科技品牌	面向年轻人的科技潮牌
目标人群	高学历、高收入等社会精英人群	中等学历、中等收入追求潮流的年轻群体
营销风格	高端、艺术、国际风、有内涵、权威感	青春、活泼、潮流风、敢不同

了如下几个关键作用。

1. 战略上，有效牵制了竞争对手

行业中一直流传着"小米为发烧友而生，荣耀为小米而生"的说法，从中可清晰地看到华为双品牌的战略意图。早期的荣耀几乎完全对标小米，从品牌定位，到产品、销售都跟小米"贴身肉搏"，在营销方面也是针锋相对。

2014年3月17日，小米推出红米Note，广告语为"永远相信美好的事情即将发生"。2天后，华为荣耀推出新品荣耀3X，广告语为"更美好的事情已经发生"。4月8日，小米举办"米粉节"，荣耀在同一天举办"荣耀狂欢节"。小米举办"小米主题设计大赛"，口号为"这次，我们整点大的"，华为也举办"华为EMUI全球手机主题设计大赛"，口号为"这次,我们整点更大的"。

小米 CEO 雷军在互联网和行业选择方面,有句被广泛传播的名言:"站在风口上,猪也能飞起来。"荣耀总裁赵明在 2015 全球移动互联网大会(GMIC)上发表了"笨鸟不等风"的演讲,强调荣耀的"笨鸟精神",旗帜鲜明地提出企业发展不能靠"风",更不能"等风",直接抨击雷军的风口论,提倡做企业不能机会主义,应该脚踏实地,板凳要坐十年冷。随后几乎每年赵明都在全球移动互联网大会上发表主题演讲,每次也都和"风"有关,其中有极具针对性的内容。2016 年,主题为"无惧风停",强调要关注品质,踏实做好产品。2017 年,主题为"风物长宜放眼量",针对互联网行业下行的现象,强调应该把时间维度拉长,把空间拉大,一方面给互联网手机打气,同时也抨击了行业中的不良现象。很明显,这些现象都有鲜明的小米印记。2018 年,主题为"乘风破浪总有时",针对行业中的 AI 乱象和手机 AI 之风,强调不能用 AI 的名义过度营销,应该踏踏实实做好产品与技术,厚积方能薄发。

2017 年,荣耀在"双 11"期间凭借京东、天猫双平台,拿下了 40.2 亿的总销售额,成为 2017 年"双 11"国产手机品牌冠军。"双 11"当天,京东平台荣耀手机销售额甚至超越了苹果,这也是中国手机单品牌"双 11"大战中销售额首度超越苹果。第三方调研机构赛诺的数据显示,2017 年全

双品牌：掎角之势

年，荣耀以 5450 万台的销量、789 亿元销售额，登上中国互联网手机第一的宝座。小米同年销量为 5094 万台。随后，荣耀开始强化自己互联网第一品牌的标签。

荣耀的快速发展和阶段性超越，让小米失色不少。最让小米难受的是，荣耀的出现让小米原本独特的"互联网+"商业模式的故事讲起来不再那么容易，原本擅长的营销手法总是被戳破。可想而知，小米原本是互联网手机中的独一份，现在不仅不是独一份儿，还被荣耀打得七上八下，无论是普通消费者还是机构投资者，都逐渐开始给小米打问号。2018年 7 月 9 日，小米赴香港 IPO，尴尬地遭遇破发，多少透露出了市场对小米的担忧。

被对手追着打的感觉肯定是不好受的，雷军希望能够以其人之道还治其人之身。2019 年雷军对小米进行了战略调整，当年 1 月 3 日，小米公司正式宣布，将原来的一个产品系列红米升级为一个独立子品牌 Redmi，定位中低端品牌做极致性价比。而母品牌小米定位高端，追求黑科技和极致体验。很显然，红米品牌的使命就是对抗荣耀。

对于红米品牌的独立，行业中议论纷纷，时任荣耀副总裁的熊军民发表言论说："与小米竞争早已结束，荣耀遥遥领先。"

2019 年 1 月 10 日，小米公司召开 Redmi 品牌独立的发布会，推出了 Redmi 品牌的首款新机 Redmi Note 7 手机。一向温和的雷军在发布会现场放出狠话"生死看淡，不服就干"，火药味极浓。然而，小米和红米的双品牌收效并不明显，毕竟和华为相比，技术储备有很大不足。

整体来说，华为用荣耀"小弟"对标小米，有效地牵制了小米的发展，且随着荣耀的发展壮大，后面开始进一步对标OPPO、vivo。而腾出精力的华为品牌，则可以专心对标三星和苹果。

华为双品牌的运作方式既可以从两方面夹攻敌人，又可以分而治之，母子品牌互为掎角之势有效应对行业竞争。

2. 市场上，覆盖了更广的群体

在消费社会中，一个典型的趋势是，消费者需求越来越多元化、个性化，商业和产品形态越来越细分化，在这样的情况下，单一品牌很难满足消费者需求，进而催生了品牌多样化的机会。在消费者领域没有一个品牌可以在一种品类上做到高中低通吃和全市场覆盖。不同性别、年龄层的消费者在消费理念、偏好上有很大不同，他们需要差异化的品牌和产品。同时，一个品牌也无法从定位和经营上去满足所有人，这也必然会给其他品牌留下发展空间。与其让其他竞争对手分食蛋糕，倒不如自己以多品牌方式作战，覆盖更广的消费群体。消费者在购买过程中，优先考虑的是产品本身是否满足自己的需求，其次是品牌属性是否满足自己的偏好，至于品牌属于哪家企业则很少关注。就像宝洁旗下的洗发品牌，海飞丝主打去屑，潘婷主打修护损伤，飘柔主打柔顺，各子品牌有自己差异化的定位和独特卖点，满足不同消费者需求，且都很成功。

多品牌模式对内可以共享底层资源和能力，对外可以覆盖更多细分市场。和日常消费品不一样的是，电子科技领域品牌的运营难度要比日常消费品大得多，既需要有充足的技术储备，又需要有专业且复杂的运营模式。一个企业在同一个品类下面创立几个子品牌，需要综合考虑细分市场的容量是否有足够的吸引力，自己的可参与空间是否能够覆盖投入成本。

另外，从商业模式的本质来讲，几乎所有的商业都可以分为性价比和高溢价两种模式。

在性价比模式下，企业需要在生产供应链及综合管理方面做到成本最优，交付极具价格优势的产品，卖给价格敏感人群。性价比模式面向的中低端消费市场，具有庞大的用户规模，进而可以通过规模化进一步降低成本。在手机行业，小米是典型的性价比模式，通过整合产业资源的方式，降低投入，保持轻资产运作。

高溢价模式，其典型特征是产品和品牌的附加值高，满足的不只是用户基础的功能诉求。在高溢价模式下，需要集中精力打造出独特的附加价值及体验，交付给高端消费者。高溢价模式面向的高端消费群体基数不如中低端市场，但往往有很高的利润率。企业通过高回报率带来的创收继续投入到独特附加值的研发与设计中,形成竞争优势,从而形成正向循环。在手机行业,苹果是典型的高溢价模式,重研发,高投入,拥有自己的 OS 系统、芯片等。

华为集团则选择了"高低搭配"的方式,华为品牌定位高端,致力于做全球标志性的科技品牌。荣耀作为集团子品牌,定位中低端,轻资产运作,致力于做面向年轻人的科技潮牌。一方面,华为品牌通过突破性的科技和独特体验提升品牌溢价,吸引社会中有影响力的人群;另一方面,在市场战略层面上,副品牌可以开辟新的市场分线,覆盖更广的消费者群体,满足更多人的消费需求。所以,华为进攻高端市场,并不意味着放弃中低端市场,而是通过主副品牌的方式共同占领高中低端市场。

关于是否需要做低端市场,华为内部也有不同的声音,认为既然要做高端,倒不如放弃低端,腾出精力,只做高端。关于这一点,任正非在内部讲话中强调要以整体商业成功为中心,正确看待低端机的商业价值:"用低端产品来保卫我们高端产品多一些盈利,很重要。虽然低端机在商业成功上赚的钱少,但是保卫了高端机的市场。""低端机要做到质量好、成本低、生命周期内免维护。要打磨成熟、高品质的海量发货产品,这种产品经过数千万台的洗练和磨合,没有故障、质量提升、无技术风险,再通过批量采购,降低采购成本,这就是低端机的做法。低端机满足普通消费者的需要,这个世界95%还是普通消费者。"

从实际的效果来看,华为和荣耀双品牌的目的实现了。随着双品牌战略的不断深化以及华为和荣耀各自的不断发展,两个品牌总的市场份额不断攀升,逼近苹果和三星。2017年荣耀还超越小米成为中国互联网手机第一品牌。在双品牌配合下,用户分布也更加趋于合理。华为核心用户是年龄偏大的高消费人群、社会精英,荣耀的核心用户以偏年轻、低消费的人群为主,基本符合最初对双品牌各自定位的预期。

3. 管理上,找到了改革创新的试验田

荣耀最初的作用是充当华为探索互联网手机领域的"小分队",同时作为"蓝军部队"给华为手机增加应对快速变化的市场经验。但荣耀之后的爆发可以说远远超出了外界的判断,也超出了任正非和华为对荣耀的预期:第一年出货量即超过2000万台,三年多时间成长为互联网手机第一品牌,并且在线下渠道投入非常少的情况下,高效完成了线上线下渠道5:5的均衡布局。

华为的管理带有非常重的To B基因,非常讲究流程化、规范化,但在追求高效快速的互联网领域,流程化和规范化则明显暴露了反应速度慢的弊端,在这样的组织管理之下尝试新的业态,涉及很多现实的矛盾。有句话说得好:"在快速变化的年代,经验可能是你最大的敌人。"荣耀的成功原因之一是因为脱离了华为原有的管理框架和流程制度,对荣耀管得少,反而给了荣耀很多发挥的空间与试错的机会。

笔者在荣耀工作的那段时间对此深有感触,最让我感叹的是"快"。2017年下半年,我负责荣耀品牌合作代言项目的传播,同时为荣耀V10产品发布预热。当时的项目预算接近千万,根据要求传播方案需要向CMO汇报,我是头一天晚上通过微信预约的时间,CMO反馈说早上8点之后都没有空余时间,可以8点前看一下。第二天一早我7:45到了CMO办公室,快速讲述了一遍方案,CMO提了几点注意事项和建议,然后就完成了汇报和评审的过程。随后就是内部电子流程审批等环节,所有这些在一天内完成。对于刚从华为运营商业务过来的我来说,这让人惊叹不已。这种金额的项目如果是在运营商业务,光方案汇报都要过个七八轮,费用和流程审批也得半个月以上,甚至预约领导汇报的时间都要至少一周。这种简化的管理和扁平化的沟通带来的效率提升是惊人的。

不只是在项目审批方面,荣耀在数字营销、娱乐营销、粉丝运营方面也走在了华为手机品牌和华为集团前面,积累了很多有价值的经验。

荣耀子品牌的成功,让华为集团看到了更多可能,催生了华为高层管理团队要进一步发展荣耀的想法。

2017年底,任正非亲自签发了《荣耀品牌手机单台提成奖金方案》，目的是对荣耀员工激励方式和考核方式进行调整，大力简化并强调及时激励，牵引荣耀品牌手机提升销售规模。文件中有几条关键内容：

> （1）荣耀品牌手机要通过奖金方案的优化，在一定贡献利润额的基础上，牵引把规模做上去。
>
> （2）荣耀品牌手机按销售台数提成，不同档位、不同型号的手机单台提成相同，简化奖金方案，及时兑现。
>
> （3）一线组织按销售台数直接获取奖金，平台组织按对一线的服务和支撑贡献获取奖金，形成合力，导向冲锋。
>
> （4）市场目标影响主官考核和奖金。
>
> （5）只要在内、外合规的边界内达到目标，抢的粮食越多，分的奖金越多，13级就可以拿23级的奖金。

这样的激励方案在华为是从来没有过的，荣耀员工备受鼓舞，激情高涨。荣耀团队非常年轻，根据当时的一个统计数据，大学毕业3年以内的员工占到六成，毕业5年以内的员工在70%以上。大学毕业生刚入职华为的级别一般是从13级起步，而23级几乎是等同于副总裁级别的待遇，常规的工作路径,要发展到23级,没有十几年的积累是几乎不可能的事情,而且还要有非常出色的成绩。"13级就可以拿23级奖金"让这帮年轻人燃起了无限的希望,在这样的吸引力之下,员工只有一个想法,就是拼命干!

为了鼓励更多优秀的人加入荣耀,华为内部要求,凡是主动要求转岗荣耀的员工一律不得阻拦,为荣耀的发展大开绿灯。

不待扬鞭自奋蹄。荣耀新提成奖金方案既是对荣耀将士过去四年来的努力的肯定和褒奖,也是荣耀未来高速增长的"助推器"。2017年11月底,赵明在荣耀V10海外市场发布会上宣布了荣耀在全球手机市场"三年前五,五年前三"的战略目标。同年12月28日,赵明面向全员发布了题为"迎接2018,战全球,守北坡,将荣耀的战旗插到全世界"的新年致辞。

4. 资源上,实现了价值再利用

在多品牌管理方面,大众集团是一个非常成功的案例。在大家的普遍认知中,大众就等于挂着大众标志的汽车,但其实大众集团非常庞大,全球知名品牌奥迪、豪华车品牌保时捷、宾利、兰博基尼、布加迪等都是大众集团下的品牌。品牌不同,但研发生产方面的平台和资源是共享的,而且为了降本增效,大众集团会在不影响品牌差异化的情况下,尽量采用通用件。2019年起,大众集团将旗下不同品牌的全球零部件业务整合为同一系统，零部件业务部门承担开发和生产电动汽车战略性部件的责任，并优先整合降本增效显著的部件。大众集团在全球设有124个工厂，构成了生产乘用车、商用车、摩托车和零部件的生产网络，服务于旗下多品牌。

华为历经多年的发展，在技术研发上的投入可谓前所未有。公司拥有一半以上员工从事研究与开发工作，2021年约10.7万名，约占公司总人数的54.8%。华为坚持每年将10%以上的销售收入投入研究与开发，2021年，研发费用支出为人民币1427亿元，约占全年收入的22.4%。往前的十年累计投入的研发费用超过8450亿元人民币。长期且持久的投入，使得华为在技术方面铸造了一个隐形的钢铁长城，华为已经成为全球最大的专利权人之一。截至2021年底，华为在全球共持有有效授权专利超过11万件，其中90%以上为发明专利，在中国国家知识产权局和欧洲专利局2021年度专利授权量均排名第一，在美国专利商标局2021年度专利授权量位居第五。

华为具有全球化布局的研究中心，还有针对前沿技术做探索和预研的2012实验室。因为2012实验室的部分研究有些超前，在To B业务网络系统中短期内未必用得到，华为会从中选择适合市场化的技术先应用在手机终端设备上。背靠具有强大研发能力的集团，华为和荣耀手机都可以享用先于行业的技术。另外，在供应链方面，华为集团已经掌握了强大的话语权，所以，在整个大平台支撑下，华为终端业务具有非常大的优势。

获取到充足资源和技术支持的消费者业务，在分配使用的时候会优先考虑定位高端的华为手机品牌。华为把先进的技术优先应用在华为手机旗舰产品上，为了扶持荣耀的成长，华为通常会把应用于 P 和 Mate 系列中的突破性技术，以晚一代的形式下放给荣耀的旗舰系列使用。当然，这种技术的流转除了从高端品牌向低端品牌的流转，还存在同一品牌中高端系列向低端系列的流转。

5. 用户结构上，实现了向上的流转

品牌调研中通常会看一个反映用户留存状况的数据——用户流失率。从这个数据里面可以清楚地看到，自己品牌的用户流失了多少，跑去了哪个品牌。从 2018 年第三方调研机构的数据上看，荣耀品牌流失的用户中有近 30% 去了华为，数量和比例远高于流失到其他的品牌的用户数。换句话说，荣耀在不断地为华为输送大量的用户，形成了用户向上流转的良好效果。

用户流转存在于不同的领域和维度，可以是线下与线上的流转、同一品牌下不同产品间的流转、不同品牌间的流转。从商业角度来讲，用户流转最核心的目的是用差异化的品牌、产品、服务，满足用户更多的需求，增加黏性，让用户始终在自己的"池塘里"消费，为我创收。

品牌内用户留存是用户运营的问题，品牌间用户流转首

双品牌：掎角之势

先是品牌顶层设计的问题。要实现集团内品牌间的用户流转，需要满足几个核心条件：

（1）集团层面拥有多元的品牌和产品布局，能满足用户在消费升级或转变消费需求之后仍然可以在集团旗下的品牌和产品中选择到符合自己需求的品牌和产品。

（2）集团内各品牌间有差异化的定位，同时拥有共同的特质和内涵，以便在对外宣传的时候让消费者感知到他们有相同的渊源，增加情感上的认同。

（3）用户在选择集团内不同品牌后，仍能保留用户积累的资产，减少用户实际利益的损失，与此同时，可以增加用户更换到竞争品牌的难度。

以酒店行业为例，喜达屋酒店集团下面有多个定位不同的酒店品牌，其中有综合性的知名五星级酒店喜来登，下面有定位四星级的副牌福朋喜来登酒店；另外有非常前卫和潮流的高端酒店 W 酒店，下面有同样主打开放、时尚、潮流的中端酒店雅乐轩；此外，集团下还有定位高端商务休闲的威斯汀酒店和主打浪漫、度假风的艾美酒店，以及奢华型的瑞吉酒店等。这些不同定位的酒店组成了喜达屋旗下的品牌矩阵，面向不同消费能力和偏好的人群；随着客户消费能力的提升，可以选择更上一层的品牌，也可以选择不同风格的品牌。只要客户选择在喜达屋集团下面的酒店消费，都可以享受一个积分体制和会员待遇。喜达屋集团的忠诚客户计划叫

SPG俱乐部，会员叫作喜达屋优先顾客（Starwood Preferred Guest）。会员通过SPG俱乐部计划获得的Starpoints积分，除了可在全球超过1200家酒店和度假酒店兑换免费住宿奖励，还可以享受积分兑换多家航空公司机票的便利等尊贵礼遇。

  对于华为集团来说，荣耀品牌从很大程度上满足了一部分青睐华为品牌的消费者，成为他们在消费能力不足的情况下做的次优选择。但随着消费能力的提升，他们会优先转向华为品牌，进而形成了用户的输送和向上流转。

双旗舰：螺旋上升

一个品牌的天花板是由旗舰产品撑起来的。三星拥有 Galaxy S 和 Note 两款旗舰，Note 更加偏向商务，配有一支手写笔。苹果每年只做一款产品。同期国内其他厂商不缺销量爆品，但并没有特别能拿出手的旗舰类产品。华为在早期希望把 Ascend 打造成类似三星 Galaxy 的系列，但现实并不如愿。

华为在 2013 年 1 月上市了一款非常强大的手机 Ascend D2，全金属机身，拥有弧线形的背部设计，防水、防尘、防摔，1300 万像素主摄、3000 毫安时内置电池，另外屏幕和影音配置也都做到了当时最高水平。余承东对这款产品满怀期待，上市定价 3990 元，也达到了华为当时产品定价的最高。

然而，这款高配置和高定价的产品并不被市场接受，在消费者心目中，他们可以接受价格更高的三星和 6000 多元的 iPhone 5s，但无法接受华为手机能卖 3000 多元。显然，在消费者心目中，华为品牌不值这个价格。

这个事情给华为深深地上了一课，一方面说明华为对消费者理解还不深，另一方面说明华为的品牌没有在消费者心目中建立高端认知，自然也就难以产生品牌溢价。

随后，华为开始了对消费者深入且系统的研究调研，通过精准的画像，最终锁定了积极掌控者、时尚先锋、身份彰显者、潮流追随者、科技粉丝、实惠社交族、传统沟通者、简单使用者这八类用户。其中特别圈定了两类人群做高端突破的目标用户，一个是积极掌控者，这类用户多是企事业的管理层，年龄26~45岁，具有典型的商务属性，男士占比较高；另一个是时尚先锋人群，这类人平均年龄比积极掌控者要低，30岁偏下，具有较好的学历和较高收入，走在潮流的前沿。

为了抓住这两类高端用户人群，华为结合自身的情况，分别定位了Mate系列和P系列双旗舰：Mate定位极致科技，面向积极掌控类的高端商务人群，主打性能。商务人士是非常注重自我突破和个人成就的群体，他们热爱探索、创新，在产品选择方面更在乎安全和效率，同时也希望所用的产品能够彰显社会地位，代表成功的姿态。P系列定位极致时尚，面向时尚先锋人群，主打拍照影像、外观设计。

	华为双旗舰	
系列定位	P系列 极致时尚	MATE系列 极致科技
目标人群	时尚先锋群体	商务群体
主打卖点	外观+影像	性能+安全

双旗舰：螺旋上升

关于产品创新和高端品牌打造，华为内部有个观点叫"三代出贵族"，这是打造一个高端品牌的最短路径，也是追求极致的华为人对自己的要求。在华为看来初代产品从定位到卖点都属于试水阶段，初代核心要解决的是产品本身的问题，销售方面一般很难起量。二代会在一代的基础上全方位优化产品，力求实现销售上的突破，进而通过产品的覆盖和营销扩大消费者对品牌的认知。到了第三代，则需要在前两代基础上更上一层楼，解决品牌层面的问题，产品差异化定位更加清晰稳固、目标用户更加精准、市场覆盖已经有一定基础，且已经积攒了一定的用户口碑，更加直观的是在前两代的铺垫之下，第三代可以有更高的定价。经过全方位的打磨，一个高端的品牌已经可以跃然呈现在消费者面前。这方面，其中不得不提的是 P6 和 Mate 7。

P6 突破时尚先锋

华为 Ascend P1、P2 产品与行业中的竞品相比基本上算是中规中矩，虽然说在产品方面也打造了一些差异化卖点，但综合竞争力还有很多不足，整体表现不达预期。然而，对于刚开始做智能手机的华为来说，却为以后奠定了一定的基础。接下来的 P 系列的第三代产品华为 Ascend P6 可以说是华为高端突破历程中，一款极具代表性的产品。产品在 2013 年 6 月上市，单月销量超过 30 万台，整体销量超过 400 万台,成为当时华为的高端机之最。销量是果,究其原因,是这款产品从产品设计、定价、营销、渠道以及内部运作上成功转型的结果。

(1)从产品本身上看,P6 产品搭载 1.5GHz 海思 K3V2E 四核处理器,该机采用了 6.18 毫米的超薄一体化设计,全金属机身,极简风格,具有最窄边框和最大屏占比,主打全球最薄和一体化弧线设计的漂亮外观。而同期的三星产品是塑料机身,从质感和体验上都差了一截。P6 产品定价 2688 元,相比同期三星旗舰产品,具有很强的竞争力。

(2)渠道方面,华为之前并没有很重视线上电商渠道,甚至出现过一段时间价格倒挂的现象,从京东上买的价格要比在华为商城上便宜很多。一度导致华为员工在内部都有很多吐槽。从 P6 开始,华为在加强与京东等电商合作的同时,逐渐开始向自有的华为商城倾斜,培养用户黏性。经过之前两年的拓展,到了 P6 的时候,华为的线下渠道建设已经初具规模,2013 年还制订了 500 家加盟店的计划,在运作方面也为线下渠道商家留出了足够的利润空间。另外,从第三方零售商渠道方面,华为在"16+4"合作战略的基础上继续巩固,其中 16 是指全国零售能力 Top16 区域,4 是指苏宁、国美、迪信通和乐语。从 P6 开始,华为重点加强了自身渠道的建设,同时也加强了全渠道覆盖。

(3)营销主题上,结合 P 系列产品的时尚属性,强调

"美,是一种态度"。和前两代产品的主题以自我为中心的表达不一样,P6则是第一次站在消费者体验的角度去诠释产品,希望能和消费者产生价值共鸣。为了强调美的体验和时尚属性,P6在各方面都做到了极致。代言人选择、视觉调性,连产品发布会在伦敦都特地选择了圆形剧场,在场地设计和发布会流程中都添加了很多时尚元素。在整合营销传播方面,花费了上亿元,调动了传统媒体、公关、数字媒体、互联网、户外等全渠道围绕P6的核心主题开展传播。

(4)价格方面,P6采用了"反常规"定价的方式,P6在定价方式上确定了"欧洲高,国内低"的策略,国内2688元的产品,在海外卖449欧元,折合人民币是3680元。平日里大众消费者看到最多的是国内产品比国外贵,因此还常常抱怨国内的厂家没良心,多赚中国人的钱。P6的价格反差,让国内消费者备受感动,不仅觉得超值,还对华为增加了一份来自民族的信任感,齐夸华为有良心。当然,欧洲售价比国内高本身也有关税方面的因素。另外,产品上市的时候,国内比海外早了一个月,优先满足国内消费者的需求,无疑进一步增加了中国消费者的亲切感。

上面是从4P维度做的总结,但围绕P6的成功转型远不止这些。从P6开始,华为内部开始真正重视用户综合体验和用户运营,甚至在组织运作方式上都做了调整。余承东曾经提道:"P6采用了创新的开发模式,是华为终端历史上第一次由 ID 和体验来牵引整个开发设计的产品，完全从消费者体验角度出发，定能给大家带来最极致的使用体验。"新的产品开发理念、新的组织运作方式、有竞争力的产品、巧妙的定价、全渠道销售、无死角整合营销传播等多因素共同促使了 P6 前所未有的销量突破。

Mate 7 突破商务精英

如果说 P6 是华为手机高端转型的试验场，Mate 7 则是真正打开高端市场的那一把利剑。2013 年 12 月 4 日，中国工业和信息化部正式向中国移动、中国电信、中国联通发放了第四代移动通信业务牌照（4G 牌照），此举标志着我国电信产业正式进入了 4G 时代，视频风潮随即爆发。

2014 年，智能手机开始以大屏满足消费者观看视频的需求。三星率先推出了 5.5 英寸的 Galaxy Note 2，华为敏锐地嗅到了市场机会，于 2014 年 9 月发布了当时的超大屏手机 Mate 7，正面 6 英寸大屏分辨率高达 1080p，屏占比达到了在当时市场上惊人的 83%，被称为平板手机。为了缓解大屏带来的续航问题，Mate 7 内置 4100mAh 电池，搭配自身研发的麒麟 925 芯片，让这款手机的省电续航能力优势凸显出来。另外，Mate 7 还拥有当时最全的视频解码能力，几乎可以适配和观看所有格式的视频。此外，还率先配备了指纹识别这一当时突破性的技术，解锁时间小于 1 秒，达到了当时业界的最高水平。金属机身和超薄边框相对于三星同期产品的塑料机身而言具有更好的质感，加上"爵士人生"这一营销主题的演绎，一个成功 Business Man 的感觉呼之欲出。双卡双待的功能相比同期的苹果产品更具备使用上的方便性。Mate 7 系列低配定价是 2999 元，高配 3699 元，价格上极具竞争力。

有竞争力的产品、创新的卖点和精准的定位，使得 Mate 7 上市之后，市场异常火爆，一机难求。由于之前 Mate 系列产品相对低的出货量，华为在 Mate 7 产品上保持了谨慎的态度，并没有过高的期望，目标是 100 万台，所以初期备货自然也就不多，这和市场的反应形成了强烈的供需反差，"饥饿营销"的现象也就顺势发生了。

如果说以上是 Mate 7 产品成功的必然要素的话，另外两个助推因素也不可忽视。

一个是安全话题。2014 年 7 月，行业里发出了很多质疑苹果手机安全性的声音，苹果公司自己承认，员工可以通过一项未曾公开的技术获取 iPhone 用户的短信、通讯录和照片等个人数据。这一情况引起了专家对公共信息安全的担忧，尤其是公职人员，如果使用苹果手机会存在比普通民众更大的安全隐患。在专家呼吁下，苹果产品开始从政府采购清单中消失，公职人员出于安全考虑，也不敢轻易选购苹果产品。而国产手机的安全性则得到了广泛信任，华为品牌和 Mate 7 产品是其中最亮眼的。

另一个是党政机关的政策。2014年底，中共中央大力提倡勤俭节约、廉洁奉公的工作作风。这对于公职人员消费和选购电子产品带来了直接的影响。当时的iPhone 6产品最低价5288元，最高价已近8000元，几乎近于奢侈的价格定位让大批公职人员产生了忌讳心理。而Mate 7产品有卖点且并不张扬的价格给足了大家选购的理由。

综合各方面因素，Mate 7上市大获成功，全球销量突破700万部，创造了国产3000元以上旗舰手机销量的历史新纪录。Mate 7产品像一把利剑一样，攻克了高端市场中最难的那一部分，俘获了一大批政商精英等社会高净值人群，实现了高端市场的突围，为Mate系列及华为品牌高端化奠定了坚实的基础。

自此，Mate和P两个系列形成了非常差异化的用户覆盖，一个以政商为主，一个以文化时尚为主，但这两类人群具有两个共同的特征，就是消费能力高、社会话语权和影响力强。所以，这两类人对其他人群就产生了很大的辐射作用，在他们的衬托之下，两款旗舰产品的高端感和格调都出来了，周边人群纷纷开始追随。

另外，在双旗舰的上市和发布方面，节奏配合非常好，一般会在春季时间，选择巴黎或伦敦这类时尚之都发布P系列，强化P系列的时尚气质。下半年秋季时间，选择德国慕尼黑或柏林这类工业科技比较发达的城市发布Mate系列，强化Mate系列硬科技特质。另外，在产品合作的代言人、传播

双旗舰：螺旋上升

渠道等方面的选择也都会根据他们的定位有所侧重。配合发布节奏，双旗舰的价格一步一个台阶地往上升，逐渐稳定在了高端价格区间。

华为双旗舰的布局以螺旋上升的效应把华为品牌逐渐推向了高端阵营，是非常成功的一条路。相较同期的友商，华为每半年发布一款旗舰产品的方式，是其最强的竞争力之一，也是华为高端品牌建设的强大势能。当然，华为双旗舰布局的成功，有其阶段性的因素。一方面，当时行业处于高速发展期，各厂家产品的竞争存在着多种可能，产品还没有走向明显趋同的阶段；另一方面，擅长研发和技术投入的华为本身有较丰富的技术储备，可以在较短周期内将新技术应用于产品上，实现差异化。所以，中国其他手机厂家在看到了华为的双旗舰优势之后，也纷纷效仿，但都很难再复制华为的成功之路。行业竞争加剧、产品趋同、审美趋同、技术缺少突破，这些都是不可忽视的现状。

任正非曾经说过："成就一个大品牌，必须把基本功做好，我们的思路就是让客户对我们寄予一种安全感，用产品的质量成就华为的品牌。"

一个企业若想拥有持久的生命力，必须脚踏实地地把好产品的质量关，仅靠宣传是绝对不行的。而华为的旗舰产品正是其品质的代表，高品质的产品构建了消费者信任的基础，为企业更加全面地获得客户发自内心的信任创造了可能。

双驱动：情感与功能

对于华为品牌来说，其在构建影响力和获取消费者信任的时候采用了双驱动的方式，即品牌沟通与产品营销同时发力。

品牌沟通主打品牌调性和价值主张，在消费者心智层面建立更高维度的价值认同和情感联结。

产品营销则从产品定位及功能卖点方面进行宣传，强调突破性技术、差异化体验和强大的功能，通过塑造具备硬实力的品牌形象来提升消费者的信任度。

一个通过情感营销为消费者提供文化内涵和精神力量，另一个通过功能营销为消费者提供产品功能价值和体验。情感营销，要有足够的内涵，切中消费者内心；而产品功能营销，要足够实，切中消费者痛点。

一个是从品牌形象维度形成的情感价值认同，另一个是从产品营销维度形成的功能价值认同，二者相得益彰。

双驱动：情感与功能

双驱动	
情感营销	功能营销
品牌沟通 为消费者提供文化内涵和精神力量	产品营销 为消费者提供产品功能价值和体验
围绕品牌调性和价值主张，在消费者心智层面建立更高维度的价值认同和情感联结	围绕产品定位及功能卖点，强化突破性技术、差异化体验和强大的功能，在消费者心智中建设硬实力的信任度

品牌情感营销

消费者业务领域普遍存在冲动消费现象，情感营销也就比 To B 领域更能起到效果。华为的情感营销并非天生优秀，而是在试错中找到了节奏和方法。在此，主要分享的是基于品牌主张的情感营销，此外，也有结合产品的情感营销。

从全球范围来看，提到情感营销，相信很多人都会把可口可乐和耐克作为行业典范。

可口可乐前全球营销副总裁说过："情感驱动，人们愿意为情感支付额外的费用。"在营销方面，可口可乐也做了大量的情感营销。在可口可乐的发展历史上，公司更换过 20 多个 Slogan。2009 年，可口可乐明确"Open Happiness"的品牌主张和创意理念，一直持续使用到 2016 年。在"Open Happiness"的品牌主张之下，可口可乐在全球策划了一系列的创意活动。

在新加坡，可口可乐2014年发起了一项"快乐从天而降"的活动，可口可乐向大众征集超过2700份感谢的话语，赠送祝福和感谢话语的人把文字写在板子上并拍照记录，可口可乐把这些富有情感的话语和人制成拍立得照片附在可乐罐上，由无人飞机运载着可口可乐和鼓舞的话语送到各大工地。辛劳的建筑工人喝着从天而降的可口可乐，看着饱含热情的祝福语，快乐且感动。

在迪拜，有大量的南亚劳工，他们住着最简陋的房屋，拿着微薄的工资，但是因为家庭贫穷，他们不得不背井离乡出来打拼。对他们来说，劳累的生活中最幸福的时刻就是与家人通话的时候，打电话能够缓解他们的孤独，也能给远方的亲人报个平安，但是每分钟0.91美元的通话费用让这样的时刻相当奢侈。2014年，可口可乐设计了一个电话亭，只要投入一个可口可乐的瓶盖，就能通话3分钟，而迪拜一瓶可乐的售价是0.5美元，如此划算的电话亭给贫穷的工人们带来了福音，也让辛苦的劳工享受到了与家人沟通的乐趣与幸福。

在米兰同一个城市，有国际米兰和AC米兰两支顶级球队。两者每年都火拼的不可开交，狂热的球迷也各自为阵，球场见到对方更是分外眼红。同样在2014年，可口可乐做了一个提倡友谊第一、比赛第二的营销活动。可口可乐在圣西罗球场的两侧入口处放置了"和平主义的贩卖机"：只有这

双驱动：情感与功能

一方按下去，另外一方才会吐出可口可乐；通过贩卖机上的视频和音频连接，能直接与对方球迷对话。

提到耐克的情感营销，乔布斯曾经说道："Nike 卖的是日用品，是鞋子，当你想到 Nike，你感受到的不仅是一家球鞋公司，在 Nike 的广告中，他们从来不谈论产品，甚至不谈论空气气垫。Nike 在广告上做的是什么？他们赞颂伟大的运动员们。"

耐克最为脍炙人口的是它的品牌主张"Just Do It"，这是耐克在 1988 年推出的，以此作为品牌精神诉求。品牌旗下有不同类型的产品线，有各自主打的专业运动、轻易时尚、智能科技等核心诉求。

关于品牌主张和口号，行业里面有不同的叫法，比如上面提到的可口可乐"Open Happiness"和耐克"Just Do It"，人们普遍把它称作品牌口号，这并没有错，但我个人更习惯把最能代表品牌精神和内核的一个口号称作品牌主张，甚至是价值主张。

耐克被认为是一个伟大的品牌，以及它的品牌主张"Just Do It"能被大家喜欢是有原因的。"二战"后，美国享有巨大的政治和经济优势，导致美国人意识形态中坚持自我进步的核心意识明显下降。人们不需要努力工作，也可以享受很好的生活。但到了 1970 年初，一方面因为石油输出组织的石油价格提高，另一方面其他国家也逐渐赶了上来，曾经

"躺赢"的局面开始被打破,美国开始进入滞胀期,美国梦开始动摇。经济和精神支柱的崩溃使得许多美国人在潜意识里开始寻求新的意识形态支点,让他们能够继续做美国梦。

为了适应新的竞争,一部分人开始用积极的心态面对生活,美国逐渐兴起慢跑热。通过慢跑挑战他们久坐不动的生活方式,慢慢的,跑步就成了美国人找回竞争精神的绝妙方法。民众的意识形态也已发生了改变,由曾经的"不作为"心态调整为"积极应对"心态。耐克在不断摸索尝试中抓到了这个契机。

1988年7月1日,耐克发布了第一个"Just Do It"广告。这不是产品营销广告,而是一个品牌精神广告。在广告中,耐克摒弃了赞美运动员辉煌成就的传统手法,转而赞美运动员辛苦的付出和勇于行动的伟大精神。这是一个充满激励、强调个人拼搏意志的主张。它强调,不管你是谁,不论你的身体状况、财富状况和社会地位如何,你都可以通过付诸行动去寻求突破,走向卓越,积极掌握自己的人生,不屈从于世俗的力量。广告发布之后取得了很大成功,耐克也从中找到了和大众建立深度情感连接的方式。

很多品牌都有口号,但并不是所有口号都能被称为品牌的价值主张,提出好的品牌价值主张,没那么容易。从耐克的案例中,我们看到了一个好的品牌主张所能起到的作用,笔者也在此基础之上提炼了品牌主张应该具备的六大条件:

双驱动：情感与功能

> 于社会：能够符合时代的主流价值观和社会文化发展趋势。
>
> 于行业：能够体现和竞争对手的差异。
>
> 于客户：有足够的感染力和号召力，能够让自己的目标受众产生强大的共鸣。
>
> 于员工：对内可以被员工认同，能驱动员工追求更高的目标或者规范其行为。
>
> 于产品：体现自身的基因和品牌特质，可以通过自己的产品被诠释。
>
> 于传播：简单易懂，朗朗上口，便于识别并应用于沟通传播场景中。

在华为全球化跨文化传播的过程中，如何把品牌价值传递给海外消费者，是华为面临的一个问题。这方面，随着逐渐的摸索，华为采取了传播普世价值观的沟通方式，将品牌理念做了拟人化的表达。2013年，巴塞罗那展之前华为终端推出了新品旗舰Ascend P2，并同期发布了新的品牌理念"Make it Possible"以行践言，旨在与消费者建立情感的沟通。"Make it Possible"既是华为终端面向消费者喊出的一个口号，也是他自身的真实写照：华为一路走来，不畏艰难险阻，敢于挑战，敢于突破，最终实现自己的目标和梦想。搭配这一新的品牌主张,华为还发布了主题宣传片,成熟稳重的画面配上简洁坚定的文案,传递了一股不畏挑战、勇敢前行的力量。

> 他们说前面没有路了
> 我说,是吗?
> 路不在脚下,在心里
> 可能,路上满布荆棘
> 可能,风暴随时来临
> 可能,我会迷失
> 但我的信仰从未动摇
> 因为在路的另一头
> 我看到梦想在闪光
> 一路上,引领我走过黑暗
> 创造由我定义的"可能"
> 在这条叫"可能"的路上
> 我早已做了决定
> 无视挑战和质疑
> 把难关当作前进的动力
> 把逆境化作开山辟道的勇气
> 一步一步,不惧不退
> 机会只留给无畏的人

双驱动：情感与功能

> 来吧，继续开道
> 将不可能变做可能
> 以行践言 Make it Possible

这条主打品牌精神内核的视频虽然较为准确地诠释了自己的特质，但发布后不温不火。2015年华为斥巨资买下 *Dream it Possible* 的版权，作为华为手机品牌主题歌。*Dream it Possible* 是由国际著名音乐人 Andy Love 作曲，由来自美国洛杉矶有小阿黛尔·阿德金斯之称的歌手 Delacey 演唱的歌曲。随后在2015年11月华为发布了中文版《我的梦》，由王海涛和张靓颖作词，并由张靓颖演唱。

这是一首非常好的音乐作品，动听的旋律、张弛有度的节奏、鼓舞人心的歌词，表达出来的是对于生活的顽强与憧憬，给人正能量。每每听到，我们都备受激励，仿佛正奔跑在追逐梦想的路上，不畏艰险，勇往直前。正如歌中写的："执着地勇敢地不回头，穿过了黑夜踏过了边界，路过雨路过风往前冲，总会有一天站在你身边，泪就让它往下坠，溅起伤口的美，别以为失去的最宝贵，才让今天浪费，我的梦说别停留等待，就让光芒折射泪湿的瞳孔，映出心中最想拥有的彩虹，带我奔向那片有你的天空，因为你是我的梦……"

这首歌发布之后，被广泛传唱。2018年6月，该曲成为电视剧《为了你我愿意热爱整个世界》的主题曲。10月1

日，香港为庆祝中华人民共和国成立 69 周年与改革开放 40 周年在维多利亚举行国庆烟花表演，该曲为第五幕《梦想光芒》配乐。火爆的歌曲和火热的华为品牌叠加在了一起，使广大受众对华为的认知在原来的理性、科技之上，又极大地增加了人性的温度，也因此获得了广泛好评。

为了让更多的消费者认识到华为的品牌精神内涵，产生情感共鸣，华为进一步与好莱坞影视制作公司 Wondros 共同打造影视短片 Dream it Possible。

整个宣传片的拍摄使用电影的制作手法，讲述了一个名叫安娜的小女孩为了追求钢琴梦想奋斗 15 年的成长故事。成长过程中的安娜，在每个阶段都接受着不同的考验。从小在家里和祖父一起弹钢琴，长大后外出求学、工作，逐渐从一个懵懂青涩的小女孩蜕变为成熟、坚毅、独立、自强的女孩。最后，安娜在自己的努力和家人的陪伴坚持下登上了维也纳音乐演奏大厅的舞台，实现了自己的人生梦想。

影片虽短，但独特优美的曲调加上充满力量的歌词激励着每一个在生活中努力奋斗以期实现自己梦想的人，短片中每个故事点的发生都像是我们生活的缩影。

除了紧贴品牌主张做的主题传播外，华为逐渐开始结合主流文化和重要节日开展一些情感营销，甚至结合了具体的产品做情感方面的沟通。2016 年圣诞节期间，华为在发布 P9 的时候，面向欧美市场推出情感广告 Be Present。其中一个

双驱动：情感与功能

片段是劝说人们放下手机和电脑与家人团聚，享受家人在一起的幸福时光。另一个片段讲述的是一个孤独少女与男友再次相聚的故事。整个视频再次给冰冷的科技赋予了温情，也为华为塑造了温暖、人性化的品牌形象。

华为从情感营销的过程中看到了情感可以发挥的张力。同时，华为认为，华为手机品牌在发展的第一阶段就很好地统一了品牌行动及华为人的精神。但是，虽然品牌的口号取自华为DNA，但与消费者和手机的联接都不太够，难以落到产品定位和卖点传播中，容易跳到传播的红海；另外，华为手机品牌还处于起步阶段，跟母品牌联接不够，未能借势集团品牌的力量，传播有些割裂。

产品功能营销

品牌主张和理念，对内应该统领华为各个形态产品的核心价值点，成为领军主题。但品牌的价值点不等同于产品利益点的简单加总，品牌理念需要在各个部门和消费者触点落地，而产品是最重要的一环。

华为在产品的打造和营销卖点包装上不断尝试和突破，每个阶段具有不同的特征。不管是华为还是行业其他厂商，大家都深谙一个道理，即产品的营销一定需要围绕独特卖点做文章，一个拥有独特卖点的产品很容易塑造差异化竞争优势，可以快速被消费者记住并产生兴趣，进而促成交易。简单地说就是人无我有，人有我优。

下面我们简单梳理一下 P 和 Mate 两个系列产品的关键信息，即可从中发现华为在产品功能营销方面的核心手法。需要说明一点，这里说的功能营销是与品牌情感营销相对的概念，其实在每代产品营销主题和传播信息当中都含有一定比例的情感元素，但在围绕主题做创意策划的时候一定是基于功能点展开的。

2012 年 1 月，华为 P 系列第一代产品 Ascend P1 上市，营销 Slogan 是"用智慧演绎至美"，产品凭借 7.69 毫米超薄机身和 110 克超轻的重量，以业界最薄和时尚外观为卖点。为了演绎"智慧"和"至美"，华为做了一支被戏称为"老人撞白马"的广告片，在视频中一匹白马和一位老者对视，然后各自开始奔跑，最后老人与白马相撞在一起，一道亮光闪过之后，弹出了华为 P1 的广告语：用智慧演绎至美。这支广告片发布后，大家普遍感觉不知所云，华为内部也有很多批评的声音。不得不说，这是一次失败的营销案例。

2013 年 2 月，华为 Ascend P2 作为世界最薄手机问世，主打卖点是 4G 上网速度全球最快，加上靓丽的外形，吸引了国内外众多消费者。营销 Slogan 正好结合了同期发布的品牌主张"Make it Possible ／ 以行践言"，产品营销的推广叠加品牌主张的传播为这款手机带来了良好的关注度，这款机型的问世也为华为以后的成功积累了很好的经验。

双驱动：情感与功能

前文详细介绍了 P6 的成功以及围绕"美"这一概念进行营销的体现。然而，接下来两代 P 系列产品的营销却出现了一些偏离。

2014 年 3 月华为发布 Ascend P7，内置 1.8GHz 海思 Kirin910T 四核处理器，前置 800 万像素 + 后置 1300 万像素摄像头组合，在外观方面基本保持了 Ascend P6 的整体风格和设计语言，细节处有改动，主打纤薄。产品上市的时候采用的营销 Slogan 是"君子如兰"，TVC 中选择了一个印度宝莱坞面孔的代言人，视频广告和海报整体风格非常具有东方特质。

2015 年 4 月，华为在伦敦发布了 P8 产品，从这款产品开始，华为不再使用 Ascend 作为系列名称，将产品直接命名为 HUAWEI P8，搭载海思麒麟 930 处理器（标配版）和海思麒麟 935 处理器（高配版），屏幕采用 5.2 英寸 1080P 屏幕，屏占比 78.3%。相机采用前置 500 万像素摄像头 + 后置 1300 万像素摄像头，HUAWEI P8 采用一体式金属机身设计，弧形侧边框。产品营销 Slogan 是"似水流年"，从宣传视频和海报中传递出强烈的"成功者"的形象和气息。

但我在这里要说的是，P7 和 P8 这两代产品的营销，从内容上虽然很有高端的调性，但其营销传递的核心信息与 P 系列产品的定位及产品核心卖点与功能的匹配度不高，消费者很难从"君子如兰"和"似水流年"中读到产品的关键卖点信息。而且,这两代产品的营销风格都非常具有东方和中国特色,这与华为旗舰产品定位国际化的方向出现了偏离。

2016年,华为与徕卡合作发布了具有里程碑意义的P系列产品,HUAWEI P9。这一合作从此非常清晰地塑造了P系列的核心卖点:影像。P9产品上市的时候采用了与摄影摄像很匹配的营销广告语"瞬间,定格视界的角度",强调手机摄影的再一次突破。在此之后的P10、P20、P30、P40都聚焦在影像功能上,营销广告语也紧扣影像这一核心定位。P10的营销广告语是"人像摄影大师,每一拍都是大片";P20的营销广告语是"眼界大开,看到更多";P30的营销广告语是"未来影像";P40的营销广告语是"超感知影像"。一直到2021年7月华为P50发布,华为P50并没有像之前的几代产品一样继续和徕卡合作。没有了徕卡的加持,影像方面的功能自然会受到一定的影响,华为P50也重新设计了营销广告语"万象新生"。

在P系列强调影像功能的历程中有一个转变,即P30之前强调的是摄影拍照,而从P30开始则把摄像功能提到了一个新的高度。承接"未来影像"的营销主题,华为在P30产品中开始重点发力手机视频创作,其中一个非常成功的营销是蔡成杰导演用华为P30 Pro拍摄的竖屏电影《悟空》。电影选择在六一儿童节推出,讲述的是导演童年经历的故事,通过手机的便捷属性和影像科技,不仅完成了一次手机电影的

双驱动：情感与功能

探索与试验，改变了电影的创作过程，为艺术创作增添了更多自由度和可能性，也让导演从手机拍摄中获得了新的创作灵感。电影推出后引起了很大的关注，激发了成年人儿时的记忆，引发共鸣，同时也向所有人展示了华为手机影像功能的强大，让大家觉得用手机拍视频、拍电影搞创作并不是遥不可及。

华为在随后发布的产品与营销中愈发重视影像能力，开启了"手机电影计划"，并与第 28 届中国金鸡百花电影节达成合作，设置全新"新影像·手机影片竞赛"环节。借此，华为把手机摄影带入了电影行业，号召并鼓励更多专业电影人和普通用户使用手机进行影像创作。此外，华为还举办了很多彰显手机影像能力的营销活动，包括自办的影像大赛、影像艺术展等多种形式。

2021 年 12 月 23 日，华为发布了竖向折叠的手机 HUAWEI P50 Pocket，产品打开后是一个正常直板机的大小，折叠之后在掌心即可握持，小巧的形态加上流行的颜色和设计完美展现了 P 系列的时尚特性，主要面向的依然是女性市场。HUAWEI P50 Pocket 采用 6.9 英寸 OLED 屏幕；高度展开 170 毫米，高度折叠 87.3 毫米，宽度约 75.5 毫米，厚度展开 7.2 毫米，厚度折叠 15.2 毫米，重量 190 克；配有曜石黑、晶钻白、鎏光金三种颜色。HUAWEI P50 Pocket 搭载高通骁龙 888 八核处理器；后置 4000 万像素原色摄像头 + 1300

万像素超广角摄像头＋3200万像素超光谱摄像头，支持10倍数字变焦、自动对焦、荧光摄影、微电影等功能，前置1070万像素超广角摄像头；搭载4000mAh容量电池（最大40W快充）；出厂搭载HarmonyOS 2。

再看Mate系列几代产品的营销，早期的D系列核心卖点和商务定位并不成功，到了后面推出Mate的时候逐渐找到了方向，从功能和传播策略上都紧盯商务人士的诉求。2013年华为发布了Ascend Mate产品，Mate 1、Mate 2都主打大屏和强续航，这都是当时的消费者非常看重的购买点，强续航更是商务人士的刚需。到2014年9月发布第三代Mate产品的时候，华为考虑到和P系列的节奏匹配并承接P系列的成功势能，直接从Mate 2跳到了Mate 7，一举奠定了华为Mate系列在商务领域的领导地位。

时间来到2016年，Mate系列迎来了另一个里程碑式的产品：Mate 9系列。Mate 9系列产品搭载麒麟960处理器，内置4000mAh不可拆卸式电池保障长续航能力。另外，HUAWEI Mate 9采用了与徕卡联合设计的1200万像素彩色和2000万像素黑白双镜头组合，同时支持4K摄像，OIS防抖技术。相对上一代产品来说，功能上有了不少提升。同时，华为还联手保时捷设计，推出Porsche Design Mate 9定制版本，塑造高端形象。在营销传播上，相比前两代产品而言，采用了非常国际化的风格，从此Mate系列在坚守商务定位的

双驱动：情感与功能

方向上一骑绝尘。

华为 Mate 系列的商务属性一直延续得比较好。2019 年初华为发布首款折叠屏手机，将 Mate 系列的商务属性做了进一步升华。华为第一款折叠屏产品被命名为 Mate X，采用鹰翼式折叠设计，中间有一个十分复杂的铰链技术，整机一体化成型度很高，外观形态上完全颠覆了普通手机的设计形态，开创了行业先河，视觉效果很突出。日常使用的时候是 6.6 英寸，打开副屏的时候就能获得高达 8 英寸的大屏享受。更大的屏幕赋予 HUAWEI Mate X 超强的商务办公能力。这还是一款 5G 手机，支持 NSA 和 SA 双模 5G 网络，还有高达 4500mAh 的电池和 55W 快充技术，更是具备徕卡四摄镜头加持，主摄依然是 4000 万像素并且具备 OIS 防抖。HUAWEI Mate X 在中国上市后，8GB＋512G 国行版官方定价为 16999 元。开售之后，一机难求，市场上争相加价购买，价格一度加到 8 万以上。这么高的价格和疯狂的抢购，只有高端商务人士能够用得起了。

HUAWEI Mate X 这种新形态的产品把华为的极致科技演绎得淋漓尽致，极大提升了华为的品牌高端化形象和大众对华为实力的认可程度。HUAWEI Mate X 既是华为 Mate 系列具有里程碑意义的突破，也是华为手机及品牌发展历史上的一个巨大跃迁。

双突破：硬实力与软布局

随着手机行业的发展和竞争的促进，手机在人们生活中发挥作用的范围在不断扩大。早期以打电话为主的手机逐渐被赋予了更多功能，从一个简单的工具衍生成为一个生活的赋能助手，而人们的生活也逐渐被各种智能产品围绕着，包括电脑、Pad、智能手表等。设备之间的数据共享和无缝转换也成为消费者的关键诉求。

苹果很早就开始了这方面的布局，通过 iOS 系统、丰富的应用、方便的连接等，打造了一个 iOS 生态，消费者把它当成了一种生活习惯，享受其带来的流畅性、稳定性和一致的应用体验。即便当 iPhone 手机硬件没有突破的时候，甚至当安卓阵营的手机在某些硬件功能上赶超苹果的时候，也并未影响苹果手机的市场地位和盈利能力。甚至，用户因为使用了苹果不同的产品而大大增强了其使用黏性。有一个大概的统计数据表明，使用苹果手机且佩戴了苹果智能手表的苹果用户的流失率不到只使用苹果手机的用户流失率的六分之一。

双突破：硬实力与软布局

对于消费者来说，硬件和软件及围绕着产品的软性服务都是其体验的入口，硬和软共同形成了服务用户的生态系统，综合体验的提升是增强用户黏性、提升用户忠诚度的重要手段。这些在一起共同形成了手机的形态、功能及服务方式。华为很早就意识到除硬件功能以外，软实力也应该是增强产品整体竞争力、提升品牌偏好和用户黏性的重要组成部分。

2011年初，任正非在公司市场大会上的讲话中强调："我们不仅要以客户为中心，研究合适的产品与服务，而且要面对未来的技术倾向加大投入。对平台核心加强投入，一定要占领战略的制高地，要不惜在芯片、平台软件……冒较大的风险。在最核心的方面，更要不惜代价，不怕牺牲。"

在"任式"风格带领下的华为，有一个绝大多数企业不具备的能力，就是看得远且足够坚定。芯片和软件是构成未来技术壁垒的两个底层能力。华为分别从"硬"和"软"两个维度不断积累和突破，既带来了产品性能的提升，也为华为品牌塑造了前所未有的科技领导力。

双突破	
硬实力	软布局
芯片	操作系统
自研麒麟芯片，在计算、图像处理、智能化等方面极大提升了手机的综合性能，赶超高通	从优化到自建全场景的分布式鸿蒙操作系统，强化流畅、安全、互联互通，提升用户体验和黏性

硬实力

1. 麒麟芯片

麒麟芯片的诞生和发展,对华为品牌科技领导力的建设和华为在技术方面可信赖的硬实力形象的塑造意义重大。高瞻远瞩的任正非早在 2004 年就开始组建芯片的研发队伍,希望在未来某个时间可以不再依赖美国的技术,在极端的情况下不再受制于人。2009 年,华为推出了第一款智能手机芯片,但并不成熟,也未大规模投入商用。2013 年,随着华为 Ascend D1 的发布,麒麟芯片开始广为人知,Ascend D1 搭载了在当时被称为全球最小的四核 A9 架构处理器海思 K3V2。这款芯片代表着华为在智能手机市场上实现了最硬核技术的突破。

随后,华为不断优化芯片的设计和性能,从 2014 年的高端旗舰 Mate 7 到 2015 年的全新旗舰 P8 均采用了华为自主研发的华为麒麟芯片,而这两款旗舰手机产品在市场上的不俗表现,也证明了海思麒麟芯片的成功,同时,也间接证明了中国"芯"的成功。2015 年 8 月 20 日,华为麒麟芯片出货量达到了一亿颗。同年发布的麒麟 930 芯片,可以支持华为天际通功能,简单说就是用户无须换卡即可享受境外优质上网服务,这对于经常出差的商务人群来说极为方便。另外,它还可以实现手机与电视、平板、电脑等跨设备互动。2016年，麒麟 960 被定义为全球首款金融级安全认证的手机 SoC，并且支持双卡双待、全网通等功能。2017 年，麒麟 970 发布，这是华为首款采用 10 纳米工艺制程的手机芯片，也是首款集成人工智能计算平台（NPU）的芯片，实现了人脸识别、语音识别、图像识别、智能翻译等多项人工智能应用。紧接着在 2018 年发布的麒麟 980，则更加具有行业突破性，相比于上一代的麒麟 970，单从性能上来说，至少提高了 20%，而功耗可以降低 40%；麒麟 980 是全球首款商用 7 纳米手机 SoC 芯片，全球首款双核 NPU。

如此硬核的技术突破和市场突破，华为当然不会只让麒麟芯片隐藏在产品背后。在营销方面，麒麟芯片一方面是华为手机的核心卖点之一，同时也是和友商构建差异的核心认知之一，华为不断强化麒麟芯片的优异性能，逐渐在消费者心中形成"有麒麟芯片的手机就是性能好的手机""有麒麟芯片的手机是国货手机"这种功能认知和情感认同。

如前文中提到的，其实大众认知的麒麟芯片只是华为对芯片布局的一角。2019 年，华为遭遇美国打压被列入实体清单，5 月 17 日凌晨海思总裁何庭波一封致全员的信被广泛传播，更多的人开始了解海思，更多的人也了解到了不可思议的海思。除了应用于智能手机的麒麟芯片外，华为还有面向全场景人工智能的昇腾芯片、面向云计算的鲲鹏处理器、专注通信领域的巴龙芯片、专注家庭网络连接的凌霄芯片等。华为十年磨一剑的坚持和未雨绸缪的战略,让全世界都刮目相看。虽然华为面临的是全世界最强大国家的打压,但依然有相当一部分人选择相信华为有能力挺过这一关。

2. 很吓人的技术

手机在使用过程中,有大量的图片和图形需要处理,需要调用 GPU(Graphics Processing Unit,即图形处理器)的能力。拿游戏这一典型场景来说,GPU 的处理能力直接影响到游戏体验是否流畅。华为把这项技术定义为手机底层突破性技术,无论是从提升手机性能表现还是从树立品牌的科技领导力方面都给予了很高的期待。

"很吓人的技术"是针对 GPU 突破性技术的一个非常大众化、口语化且有话题感的叫法。2018 年 5 月,余承东在微博上面爆料将"很吓人的技术"称为 2018 年具有划时代意义的大技术,华为手机运行的速度和其他手机相比将是"天上飞"和"地上跑"的区别。

为了支持子品牌荣耀做大做强,余承东选择将这个突破性科技联合荣耀新产品荣耀 Play 一起发布,我当时作为荣耀品牌策略的负责人参与了发布的过程。2018 年 6 月发布会在北京举行,余承东正式对外公布了"GPU Turbo"这一神秘技术。确切地说,这是一个移动图形计算加速技术,就像汽车发动机的涡轮增压技术一样。通过软硬件协同,提升 GPU

运算效率，从而提升图形类应用的用户体验。由于 CPU 和 GPU 的使用效率更高、性能调动更加充分，在 GPU Turbo 的加持下，实际游戏应用场景中的图形处理效率可以提升 60%，SoC 能耗则降低 30% 之多。"很吓人的技术"从曝光到发布，在行业中引起了极大的关注和传播，也在大众认知中再一次树立了华为科技领导力的形象，加强了可信度。

软布局

另外，在"软"的方面，华为的突破主要体现在如下几方面：

1. 基于用户需求的单点软件技术能力和服务的提升

华为给用户提供了更加丰富的 App 服务、更方便的移动云服务，并且针对用户高频与重度使用的应用，在和手机软件交互上提供深度的体验优化。另外，华为还结合天生优势，在手机信号的稳定性和强弱程度上做了显著的提升和优化，甚至除了常规的通信外，华为还就一些特殊场景做了优化，如高铁上、飞机上。以至于华为在产品营销的时候会特别强调"高铁上永不掉线的手机"，这一点也是直接切中了用户使用的痛点。

在单点技术能力上，华为还结合用户的典型需求和场景，不断地构建核心认知，塑造信任状。最经典的一个案例就是拍月亮。从华为P30系列开始，华为拍月亮的实力越来越强，华为P30拥有超感光传感器的4000万像素主摄，能做到超强暗拍，徕卡光学变焦镜头可实现5倍混合变焦，最高可支持30倍数字变焦，华为P30还支持ISO最高204800超高感光度。这种比较强大的基础参数和性能使华为P30具备了暗夜拍摄的能力，为拍摄清晰的月亮提供了一定的技术基础。华为在P30产品的营销上特别强调"可将夜空中的明月尽揽于眼前"。

其实，这是一个非常讨巧的营销方式。"可上九天揽月，可下五洋捉鳖"，自古以来中国人对月亮都有一种特殊的情怀，明月也寄托了人们丰富的情感。在日常生活中，每逢月圆，都会纷纷拿出手机，希望拍出清晰的月亮。另外，在手机拍照性能上，行业中的各个厂家已经比拼了多个回合，常规的都是从拍人、拍风景、拍建筑等维度展现手机的美化效果、清晰度等，消费者对差异化的感知逐渐变弱。华为手机拍月亮功能的推出，使消费者能用手机拍出专业相机一样品质的月亮，瞬间提升了消费者对华为手机产品的好感度，华为也从更高的维度实现了对竞争对手的打压。

2. 基于安卓系统的优化和综合体验提升

众所周知，手机行业中有两个主要的操作系统，一个是苹果自有的iOS系统，另一个是Google为手机制造商提供的Android系统，也是市面上除了苹果外的手机品牌普遍在使用的系统。整体来说，苹果 iOS 系统相对封闭，权限控制严格，运行比较流畅，安全性较高。安卓系统是开源的设计，开放性更强，但会存在安全隐患，系统的适配性较差，容易卡顿，耗电。安卓阵营的手机厂商会结合自己的技术能力在安卓系统的基础上做些优化，最初推出的 UI（用户界面）优先解决的是对观感层面的东西做优化，比如图标、壁纸这些，后面开始尝试解决整体流畅性不足等短板问题。

那时初涉智能手机领域的华为同样面临这个问题。在早期，华为各个手机系统是分散的，图标不统一，甚至下一代和上一代的功能都没有连续性，经常遭人吐槽。

华为在 2012 年首次发布了 EMUI 1.0 智能手机操作系统，EMUI 系统基于安卓原生系统开发，融合了华为自身对消费者需求的理解和用户体验的交互理念。在此之后，EMUI 系统不断升级迭代，到了 EMUI 3.0 版本，已经实现了 UI 统一设计。

接着，华为下了大功夫，开始对安卓系统进行底层优化，从页面设计、功能设计、交互逻辑到整体运行等方面都做了改进提升。2016 年 11 月，华为搭载着华为 Mate 9 产品发布了 EMUI 5.0。EMUI 5.0 是基于全新的安卓 7.0 系统从底层做的深度定制，全新设计了 UI 界面和交互。EMUI 5.0 系统内置了深度学习功能，它能够进行智能感知、智能预测和智能资源分配，手机可以根据用户使用习惯自行进行优化整理。

最被大众称道的是，它解决了用户一直诟病的安卓系统卡顿问题，可以流畅使用 18 个月而不卡顿。这一点在当时成为华为与其他安卓手机厂商竞争的一个核心差异化功能和卖点，牢牢打中了用户需求痛点，从而也加深了华为在消费者心目中具有强大的底层技术开发能力的公司形象。

后面为了紧跟安卓的步伐，华为直接在版本命名上和安卓的版本号保持了一致。2017 年 10 月，华为发布 Mate 10 产品系列的同时，新一代华为 EMUI 版本也揭开面纱，命名上直接从 EMUI 5.1 跳到 EMUI 8.0，和安卓 8.0 系统保持一致。这其实也是一个营销心理学方面的考量，毕竟 EMUI 是基于安卓的原生系统做的优化，版本名称如果低于安卓的话，容易给消费者带来"跟不上节奏"的错觉。EMUI 8.0 搭载了 AI 芯片麒麟 970，更加智能，增加了移动办公、智能投屏、文件管理、快捷搜索等全新的功能。此后的时间里，华为对 EMUI 系统的优化从未停止。

3. 打造自己的鸿蒙系统

常见电子产品包括硬件和软件两部分，软件又可分为操作系统软件和应用软件。其中操作系统是介于硬件和应用软件之间的重要部分，是管理分配硬件资源、实现应用软件功能的重要载体。目前我们使用的各种智能设备，如手机、PC 电脑、平板电脑、智能手表等，它们全都有自己的系统，即使是同一个品牌下的产品，也会有专门为它定制的系统，如苹果公司有手机 iOS、电脑 macOS、手表 watchOS 等。

在美国针对华为实施断供后，华为除芯片外，也同步展开了系统领域的全面进攻，开始公开鸿蒙操作系统（HUAWEI HarmonyOS）的计划并展开了对外营销，大众也是从这个阶段开始认识鸿蒙系统的。国内大众再次被华为的高瞻远瞩和极强的风险意识所折服，叠加着民族情绪和不屈的自尊，华为被当作从科技上突破"西方列强"封控的寄托。大众对华为的好感情绪再次升华。

出于对谷歌如果对其断供就会难以持续生产的顾虑，华为从 2012 年就开始了操作系统的布局。华为鸿蒙系统在前期通过"马甲"的形式在不同领域有所应用，积累了一定的经验。鸿蒙系统的产生除了以上众所周知的原因外，还因为它处在人工智能、云计算、大数据、5G、IoT 这些关键技术兴起的行业环境中，面向更加互联互通与融合的未来，行业也需要一个融合性更强、适配度更高的操作系统。

鸿蒙系统从定位及营销方面强调它是一个面向全场景的分布式操作系统。全场景指可以搭载在各种场景设备中，比如手机、手表、电脑、平板、电视、家电、汽车等。分布式指系统可以实现分布式数据管理、分布式任务调度，并且可以将硬件能力虚拟化实现分布式调用，打破单一物理设备硬件能力的局限，让不同硬件的能力互为补充。

华为在 2019 年年报中这样描述鸿蒙系统：在操作系统领

域，华为在 2019 年创造性地推出了面向全场景的分布式操作系统 HarmonyOS，作为划时代的万物互联操作系统，HarmonyOS 通过分布式技术，将多个物理上相互分离的设备融合成一个"超级终端"。按需调用、组合不同设备的软硬件能力，为用户带来最适合其所在场景的智慧体验。即使用户切换场景，智慧体验也能跨终端迁移，无缝流转。

系统在分布式部署、时延和流畅性等方面具有一定优势，但一个系统要生存下去还需要有成熟且强大的生态。独木不成林，只有华为使用的系统谈不上生态。但行业中其他手机厂商显然是非常忌惮使用这个被华为控制的操作系统的。为了减少潜在合作厂商的顾虑、增强信任，华为做了一个非常高明的决策，选择将开源鸿蒙捐给国家，之后厂商可以选择搭载鸿蒙 OS，也能够利用开源鸿蒙打造自己的操作系统，可以说造就了一个双赢的局面。

2022 年 7 月 27 日，余承东在新品发布会上表示，截至 2022 年 7 月，搭载鸿蒙 2.0 的华为终端设备已经突破了 3 亿，HarmonyOS Connect 产品发货量突破 1.7 亿。一路走来，跌跌撞撞，造就了一个比较亮眼的数字，但距离达到完整生态的概念还有很长的路要走。

双对标：三星与苹果

华为长期以来采用的都是竞争战略，避其强，攻其弱，从相对优势和点状优势逐渐实现绝对优势和全面超越。华为以竞争战略实现了 To B 业务的跟随、挑战到领先三步走的成功之路。这种打法在华为消费者业务方面也同样被传承了下来，而且在余承东的领导下被进一步发扬光大。华为手机业务在战略定位、产品布局和营销打法方面都全面采用了竞争性的战略。

华为在手机营销方面也采用了双对标的策略，以对抗式的营销手法，助力自己品牌的不断攀升。早期的华为手机业务对标的是安卓阵营的老大三星，主要切入点有系统流畅性、安全、拍照。后期对标手机行业的最佳苹果，主要切入点有通信信号、屏幕大小、续航能力。

对标是战略锚定，对抗是战略外显。行业中所谓的对抗营销，用通俗的话说，要么是"拉下水"，要么是"傍大腿"。通过与行业最佳的绑定和对比，不断强化自身的闪光点，弱化对手的整体优势，让自己置身于第一梯队，这种方

双对标	
对标苹果	对标三星
主要切入点 通信信号、屏幕大小、续航能力	主要切入点 系统流畅性、安全、拍照
营销风格 侧重以P系列对标iPhone，强调更有品味、更有内涵、更高端的生活方式，突出人文与时尚风格	营销风格 侧重以Mate系列对标Galaxy Note系列，强调商务属性，突出更安全，更强大的性能

式在跟随者阶段比较适用。到了挑战者阶段会转向采用"以己之长攻他人之短"和"人无我有，人有我优"的战术，对标行业领军品牌。到了领先者阶段，则需要和其他跟随品牌撇清关系，塑造高高在上和遥遥领先的感觉。整体来说就是为了让消费者感知到自己的实力，从而加强信任程度，逐渐在消费者心智中形成第一梯队和行业领先的认知。

与你同框

这种方式一般是跟随者或者挑战者贴近行业领先者的一种打法，包括媒介投放、店面选址等都可以使用此法。

2015年3月1日，三星在世界移动通信大会的邀请函上采用"What's next"的宣传语，为新手机S6预热。华为紧随其后，发布"Next is here"的海报，与三星相映成趣。到了4月，临近发布会的时间，三星为S6再次打出"Next is now"的广告语，华为则贴身跟随，4月15日，华为P8在伦敦全

双对标：三星与苹果

球发布，旋即将广告牌更新为"Now is P8"。不止是在广告内容上，华为在广告牌的位置选择上也是紧贴三星，尽量让两个广告在同一个空间呈现，甚至在一些地区就直接放在一个大广告牌上。如，苏丹喀土穆机场路上华为和三星的广告牌，三星在屏幕左侧，华为则直接放在屏幕右侧。华为直接挑战三星手机，给消费者营造"华为取代三星"和棋逢对手的心理感知。一波操作下来，颇有宝马与奔驰"相爱相杀"的感觉。

2020年3月5日，华为法国首家旗舰店在巴黎正式开业，该店位于法国巴黎歌剧院旁边，距离苹果旗舰店仅几步之遥，同在一个空间。这样的选址会给消费者带来华为与苹果平起平坐的心理暗示。整个店面的设计非常高端大气，再增加一些比苹果更加先进的设计和互动元素，会更加强化消费者对华为的信任度。

先你一步

抢首发是行业常用的一种营销战术，例如高通的芯片是最先进的，哪家公司如果能够优先使用高通最新的芯片，将代表着拥有最强的技术和最先进的体验，是一种实力的象征，很多尝鲜的消费者也会因此而购买这家公司的产品。和国内其他友商不同，华为拥有自己的麒麟芯片，所以在节奏上完全自主可控。但这并不妨碍在其他一些通用技术上抢首发，或者通过屏幕、电池、摄像等先进技术的提前应用等方式塑造其行业领先的形象。

2014年，华为在发布的Mate 7产品上配备了6英寸分辨率高达1080p的超大屏幕，而苹果刚刚发布的iPhone 6尺寸为4.7英寸，同期的三星Note 4也仅为5.7英寸。同时，在行业都在强调屏占比的阶段，华为Mate 7的屏占比达到了83%，远超当时的同行。华为Mate 7电池容量达到了4100mAh，同时期的三星Note 4电池容量仅为3000mAh，而iPhone 6仅为1810mAh。同时华为Mate 7在搭配上自身研发的麒麟925芯片，让这款手机的省电续航能力优势凸显出来。不得不说，大屏幕、大电池、长续航的特点正好戳中了这款Mate 7定位的商务人士群体，同时，也因为优先采用了这些技术和设计，这一代产品和三星、苹果形成了有效的差异化竞争优势，大大提高了Mate 7产品和华为品牌的口碑。

2017年，华为在发布Mate 10产品的时候搭载了海思麒麟970芯片，海思麒麟970拥有世界上首款准5G网络基带，这意味着搭载这款芯片的华为Mate 10是全球首款5G手机，其传输速率是骁龙835芯片手机的2倍……

华为在这方面的案例非常多，这种直观的感受和强烈的对比，会逐渐在消费者心目中建立强势品牌的认知，从而左右消费者的购买行为。

双对标：三星与苹果

胜你一筹

针对局部的点状优势和亮点，做放大，打造成最具差异化的卖点，攻其软肋。

华为在这方面的营销打法非常直接。一方面不断放出狠话，表明自己的野心，要在全球市场范围内超越苹果，甚至超越三星成为全球第一。这类话语极容易抓住大众眼球和注意力，而且容易在大众心里钉上一个钉子，使之时刻关注华为的动静与进展。另一方面利用各种场合紧盯对手，凸显差异化卖点，放大自己的优势直接和苹果与三星对比，在消费者心目中形成华为比苹果和三星更好的印象，同时也让消费者逐渐相信在不久的将来华为肯定能超过苹果与三星，从而不断地加强消费者对华为的信心。常用的方式包括但不限于参数对比、样张对比、流畅性对比、销售业绩对比等，从功能性和客观数据方面展示差异优势。

2016年行业里最大的事情应该非"Galaxy Note 7 爆炸门"莫属。Note 7 手机在全球销售不到10天的时间内，接连收到35位用户反映有关新手机充电发热、起火甚至爆炸等问题，给消费者和社会都带来了极大的安全隐患。迫于市场压力，三星电子宣布召回售出的 Galaxy Note 7 手机。但令人遗憾的是，在召回计划中，在中国市场正式发售的国行版本不在此次更换之列。声明一经公布，立即引起中国消费者的极大不满，后来在政府部门交涉下，三星最终向当时的国家质检总局备案了召回计划。爆炸门也成了三星在中国市场的"滑铁卢"事件。当然，这里并不是要针对爆炸事件做复盘，而是作为一个负面案例说明产品安全的重要性。自家产品发生如此严重的问题也怨不得别人，三星爆炸门给行业厂商敲响了品质安全的警钟。

与三星爆炸门同期，行业里流传着另外一个热门话题：华为手机"挡子弹"。故事发生在非洲，是由英国媒体报道出来的，41岁的西拉杰·亚伯拉罕斯在开普敦的住宅外停车时，遭遇劫匪近距离射击，胸袋里的中国产华为手机竟然帮他挡了一枪，因而大难不死。两个事件，一个要人命，一个救人命，形成了鲜明的对比，这也被网络上的段子手编成了流行笑话：当你遇到歹徒，碰巧又有华为和三星两部手机，你应该果断地扔出三星，同时把华为放到胸口。因为三星可以当手榴弹，而华为则可以为你挡子弹。在这类案例中，由于事情本身极具话题性和冲突性，因而有极强的自传播力。出于对安全的敬畏和基本的尊重，华为也没有利用此类事件做更多营销。"见贤思齐，见不贤而内自省"，华为在安全方面下了足够的功夫。

华为在2015年就曾宣布与曼彻斯特大学合作研究石墨烯的应用，旨在将石墨烯领域的突破性技术成果应用于消费电子产品和移动通信设备。2016年11月30日，华为中央研究院瓦特实验室相关负责人在第 57 届日本电池大会上宣布，他们在锂离子电池领域实现重大研究突破，推出业界首个高温长寿命石墨烯基锂离子电池，这个新型耐高温技术可以将锂离子电池上限使用温度提高 10℃，使用寿命是普通锂离子电池的 2 倍。

另外，华为在德国慕尼黑发布 Mate 10 系列手机的时候，余承东特别强调：华为 Mate 10 系列是首款通过德国 TÜV 莱茵安全快充认证的产品。德国莱茵 TÜV 集团（简称 TÜV 莱茵）是一家独立第三方检测认证机构，Mate 10 系列的电池通过了 TÜV 认证意味着 Mate 10 的电池通过了行业权威的安全测试。这既是对消费者安全的保障，也是华为产品安全的信任背书。

全面碾压

三星淡出中国市场，并不意味着华为和三星的竞争会缓和。毕竟，两家的目光都盯着全球头把交椅的位置。

第三方数据显示，2018 年第三季度，华为全球市场份额首次超越苹果，达到第二位。按照这样的发展势头，华为赶超行业第一的三星指日可待。2019 年行业中关于折叠屏的呼声和竞争越来越激烈，三星首先于 2 月 21 日发布了折叠屏 Galaxy Fold，2 月 24 日华为紧随其后在巴塞罗那 2019 年世界移动通信大会上正式推出了全新的高科技折叠屏 5G 手机——华为Mate X。两款折叠手机虽然在发布时间上没太大差别，三星早了几天，但从产品的表现上来看，三星已经被华为在多方面反超了。外观方面最明显的感受有两点：一个是展开后屏幕的折痕，三星的要比华为的明显很多；另外一个是折叠后铰链位置的缝隙，华为做到了两边长度一致，且中间几乎没有缝隙，相比较之下，三星的缝隙要比华为大很多。从手机性能和配置方面来看，华为 Mate X 搭载自研的海思麒麟 980 和 Balong5000 处理器。麒麟 980 芯片，这是当时全球最薄的 7 纳米芯片，且获得了 6 项世界第一。Balong5000 是 5G 通讯基带处理器，传输理论峰值达到 4.6Gbps，根据测试，最快可实现 3 秒下载一部 1G 的视频，大大领先于业界同行。另外，三星折叠机发布后出现了屏幕破损的情况，虽然采用了召回的措施，但这对三星的品牌声誉已经产生了不良影响。

品牌的高端突破，首要且最终目的都是要抓住高端用户。手机行业中，苹果用户是绝对的香饽饽，各手机厂家觊觎已久。普遍来看，苹果用户具有高学历、高收入、高阶层的典型特征，且其中有相当一部分用户是从事文化与创作方面的人。苹果营销传递的是一种人性化的理念和轻松愉悦的生活感受，是一种高级的简洁。苹果的营销物料在表达方面总是能给人以享受的感觉，不会让你觉得很刻意甚至"用力过度"。这样的营销沟通方式也正是苹果用户喜欢的。

双对标：三星与苹果

华为对标苹果的核心目的是获取市场，挖掘最有价值的用户。为此，华为在深入研究了苹果用户之后，把自己的核心目标用户做了调整，定义为新创作者（New Creators），并通过 Mate 和 P 系列主攻这一核心人群。但相对来讲，在抢夺苹果用户方面，P 系列比 Mate 系列发挥了更多价值。早期的 P 系列，在营销沟通方面连贯性并不强，沟通的原点用户及传递的内涵不够有针对性，因而也只能缓慢吸引苹果的边缘用户。华为内部复盘之后，除了上面提到的将 P 系列主打影像外，还对 P 系列提出了更高的要求，希望未来 P 系列能够代表一种比苹果更有品位、更有内涵、更高端的生活方式，在沟通传播的手法方面开始转向文化时尚风格。结合新创作者的情感和功能需求，P 系列在营销物料风格上强调设计感，在品牌内涵和故事表达方面强调人文感，在使用体验方面强化优越感。这些转变可以从后来发布的 P10、P20、P30 系列上看到明显的迹象。比如上文提到的华为 P30 系列与蔡成杰导演合作拍摄的《悟空》，通过手机的便捷属性和影像科技，完成了一次手机电影的探索与试验，改变了电影的创作过程，为艺术创作增添更多自由度和可能性。这也是在手机圈中，继苹果和贾樟柯合作拍摄的《一个桶》与陈可辛合作拍摄的《三分钟》两部有影响力的短片之后又一个被广泛讨论的视频。

苹果在华为高歌猛进和不断创新及全面对标的对比之下，

显得有些创新乏力，一些苹果的粉丝也在逐渐被吸引，开始选择华为的旗舰手机。用一些苹果用户的话说：原来苹果是甩华为几条街的，现在发现华为手机越做越好，也不比苹果的差。芯片在不断突破，设计更加时尚，续航和信号都很好，还有一些苹果都没有的黑科技应用，上手之后的感觉也很好……

　　产品是最有力的说明，随着产品的突破，华为在销售、服务、品牌等维度上也是扶摇直上，已然形成了一股全面碾压之势。根据品牌调研报告显示的数据来看，2019年华为在中国的品牌形象指数得分几乎全面超越了苹果。但在竞争的道路上，华为在向前冲的同时并没有忘记对跟随者的防范，华为一边用P和Mate两款旗舰系列分别对标苹果和三星，一边用Nova系列对标OPPO、vivo，用荣耀对标小米。

双加持：母体与合作

华为手机品牌发展和高端化的过程，既有旗舰产品的支撑，也有营销的助力，还有来自华为集团母品牌和外部合作品牌的加持。

双加持	
母体	合作
华为集团母品牌	外部合作，品牌合作/联名
承接华为集团母品牌资产和影响力，通过品牌健康度评估优化品牌管理，通过品牌打榜、品牌价值排名的手段塑造品牌领导力	与徕卡合作树立行业领先的影像能力，与保时捷设计合作提升产品设计力和品牌高端感，以名人代言、体育赞助和跨界营销等方式扩大知名度和用户覆盖

集团母品牌

华为手机发展的时期也是华为集团高速发展的阶段，公司整体的实力和影响力不断攀升。在这个过程中，华为集团整体的形象在社会精英人群中构建了强大的品牌势能，为其手机业务提供了很好的加持效果。华为手机刚起步的时候一度特别想摆脱"华为"这个土味比较重的名字,然而,后来的发展却印证了华为母品牌之于华为手机品牌的价值,甚至在内部阶段性复盘的时候提到"华为手机的成功,最大一个原因就是没有抛弃华为品牌另起炉灶"。

一个品牌好与不好不能靠自己说,而是要他人说,而且越是权威的人或机构说就越有信服力。为了能够让华为的品牌价值更加凸显和可信,华为选择了第三方国际权威机构评估的方式为其背书。事实证明,这是一个非常正确的方法。

品牌价值评估被普遍运用于企业财务管理、战略规划和品牌排行榜等领域。从金融角度看,品牌价值评估就是将品牌做资产化评估,即对品牌以可转让的货币单位测算的经济价值的评估,所以品牌价值也可以称为品牌的货币价值。

对品牌价值的资产化评估被公认为始于 1988 年,因新西兰投资者借澳大利亚面包业公司 Goodman Fielder Wattie(GFW)恶意收购 RHM 29.9% 的股权而引发。在 20 世纪 80 年代以前,企业兼并一般按被收购企业的净资产的质量来核价,收购价与净资产的差价即收购溢价。当时 RHM 资产负债表上净资产额约为 3 亿英镑,除了可见资产之外,RHM 还拥有多个强品牌,并在很大程度上仰赖于这些品牌的经营以维持生存。为了对抗 GFW 的恶意收购举动,RHM 公司找到英国品牌咨询公司 Interbrand,后者与伦敦商学院合作,开发出最初的品牌价值评估模型,测算出 RHM 的 20 个品牌(包括自有品牌）的价值达6.78亿英镑，并记入资产负债表。因此，RHM的企业价值经重新评估后大幅提升，GFW最终放弃收购。

品牌价值评估在企业兼并、融资和日常管理中都发挥着非常重要的作用。此外，品牌价值还可以融入品牌管理实践当中，用于评估和指示品牌管理的绩效，从而为后续品牌投资、长期管理和内外部形象推广等提供决策依据。

在公司实力方面，业界比较著名的有美国《财富》杂志每年评选的世界500强企业排行榜，采用的最主要的指标就是年度营业收入，比较简单直接，并未考虑品牌价值。当下，品牌价值成为衡量企业无形资产和软实力的核心指标。但关于品牌价值的量化评估，业界并没有统一的标准。目前在全球范围，公认权威的品牌价值评估机构有Interbrand、BrandZ、Brand Finance等为数不多的几家，每家都有自己的入选门槛和理论模型。综合来看，Interbrand在学术界、商业界出镜率比较高，其品牌价值评估模型相对广泛地在各行业得到了应用。

Interbrand是全球领先的综合性品牌咨询公司，为全球大型品牌客户提供全方位、一站式的咨询服务，是全球公认的品牌价值评估权威机构之一。Interbrand每年都会从全球维度评估出全球最佳品牌排名前100的榜单，也会从国家和区域维度评选最佳品牌。Interbrand在全球最佳品牌排名的评估方面有严格的准入门槛和评比条件。

> ①需要有三分之一以上的销售收入来自母国以外市场。
> ②必须在世界主要经济体欧洲、北美洲和亚洲有广泛的存在和知名度,并在新兴市场拥有广泛的产品覆盖。
> ③企业的财务表现必须有足够的公开数据。
> ④必须长期盈利。

由于这些限制条件的存在,首先保障了入选的企业是全球化的,且在经营层面上是健康的企业。对照这些条件,会发现一些国内知名的品牌并不能纳入其中,例如阿里巴巴、腾讯、中国移动、中国石油及中国的银行等。从这个维度上看,那些真正能入围的企业拥有更强的全球生存能力。

2014年,华为首次上榜Interbrand"全球最佳品牌排行榜",排名第94位,成为首次上榜的中国品牌。时任Interbrand全球首席执行官Jez Frampton指出:"华为品牌的飞速成长及针对品牌的长期投资帮助其在全球顶尖品牌中争得一席之地。尽管在美国华为的品牌关注度还不算太高,但是华为一直在全球范围内逐步拓展其影响力。"此后数年,华为在榜单上的排名稳步上升。2015年,华为排名上升至88位。到了2018年排名已经上升至68位,实现了连续5年上升。

而后,随着美国对华为的打压,华为业务受到了非常大的影响,排名也有所下降。

品牌打榜排名是一方面,Interbrand会结合自己的评估模型和流程开展评估工作,其中会衡量品牌成熟度,以此作为衡量企业长期收益能力的参考。品牌成熟度分对外和对内共十个关键指标。六个外部指标,通过外部调研的方式评估,分别是:相关性(品牌满足消费者的需求和期望的程度)、差异性(品牌定位的区分度和独特性)、真实性(品牌价值承诺的交付能力)、一致性(品牌传播被受众感知和认同的程度)、呈现度(品牌传播所涉及的密度和广度)、理解力(对品牌内涵理解和洞察的程度);四个内部指标,通过内部审计评估,分别是:清晰度(品牌内涵阐释及品牌联想的明确程度)、内部重视度(在获得关注和投资方面的程度)、保护力(品牌在法律、专利等方面得到保护的程度)、反应力(品牌应对变化和主动创造新机会的能力)。这些衡量指标对公司品牌管理非常有价值,品牌方可以借机检查自身的健康情况,并做有针对性的提升。

华为从2015年底开始与Interbrand合作,对品牌做了系统性评估,品牌成熟度的十项指标得分均低于全球标杆企业。其间也发现了一些典型的问题,如:华为品牌形象的生硬感;面向消费者的传播主要聚焦在产品功能、价格等层面,不够高端和时尚,缺少情感层面的互动;To B业务和客户的关系只停留在设备供应商层面,未达到战略合作伙伴的程度,也没有体现思想领导力。

华为有个很好的特质,就是发现问题后绝不回避,会用尽各种办法解决问题,寻求突破和成长。随后,我们也看到了华为在品牌建设和营销传播方面做了很大的转变,包括前面讲到的思想领导力、商业领导力传播及情感沟通等。

除了 Interbrand 全球最佳品牌排名外,华为在 BrandZ 和 Brand Finance 等权威排名上也都榜上有名。BrandZ 品牌价值排行榜是由全球知名传播服务集团 WPP 旗下的调研公司 KANTAR Millward Brown 主导的。BrandZ 品牌估值方式会在全球范围内做持续、深入的消费者调研,并不要求品牌存在于特定的国家和区域。Brand Finance(英国品牌金融咨询公司)是全球性的独立第三方品牌价值评估和咨询机构,每年出具《全球品牌价值 500 强排名》。Brand Finance 最核心的评选标准包括产品竞争力指标、品牌忠诚度及营销投资等。

继 2014 年首次入榜 Interbrand 后,2015 年华为首度跻身 BrandZ "全球最具价值品牌百强榜",排名第 70 位,成为同时进入 Interbrand 和 BrandZ 两大全球权威品牌榜的中国企业。2016 年,华为进入 Brand Finance "全球最具品牌价值百强",排名第 47 位。到了 2017 年,华为除了在以上这些权威机构的排名持续上升外,又进一步进入了另外一个权威的排名——福布斯全球品牌价值榜,排名第 88 位,是唯一上榜的

双加持：母体与合作

中国企业……亮眼的表现不仅博得了社会的广泛关注与掌声，更激起了中国消费者内心的民族骄傲感。

一次接一次的国际权威机构合作与入围排行榜，至少给华为带来了三个方面的好处：向全世界充分证明了自己的品牌价值和公司实力；借势传播，通过第三方权威机构的背书，向消费者充分宣传了华为品牌；通过和咨询机构的合作，对品牌健康程度进行评估，找到了差距和提升方向，为以后品牌管理和营销沟通提供了非常有价值的输入。而这些在集团母品牌积累的势能同样极大地加持了华为手机品牌。

对外战略合作

品牌合作的根本目的是用彼之长补己之短。华为手机品牌在前期发展过程中有几个典型的短板问题：影像能力，显著落后于同期其他主流厂商；产品设计，典型工程师风格，过于硬朗和商务；中国理工男的品牌形象，缺少时尚感和国际气息；中低端的品牌认知，高端感不足。

华为手机在品牌方面的合作数量可谓众多，这在手机行业也属于常规操作，但并不是每个合作都称得上战略级合作且对华为品牌有强大助力。在华为众多的品牌合作中，徕卡和保时捷设计堪称行业经典。同期的与国际名人、艺术时尚的合作也可圈可点。华为与徕卡的合作，在全球范围为其逐步树立了影像能力领先的品牌形象；与保时捷设计联合推出定制机,提升了产品设计力和品牌的高端豪华属性;与好莱坞当红明星的代言合作,显著提升了品牌的国际化形象;与艺术时尚领域的跨界合作,增加了品牌的时尚感……一系列的操作,帮助华为在全球范围提升了知名度和用户偏好度,打造了华为手机品牌的新高度。

1. 与徕卡合作

在智能手机出来之前,数码相机是人们记录生活影像的主流设备,以尼康、佳能、索尼、富士为代表的日本企业霸占着数码相机市场。在此之前,是欧洲品牌主导的胶片时代,代表企业有历史悠久的徕卡、蔡司、哈苏等。数码相机的易用性远好过传统胶片机,但在画质上,数码相机的表现逊色于胶片机已是行业共识。在智能手机时代,消费者可以更加方便地借助手机的影像功能随时随地记录生活,协助工作,其便捷性显著优于数码相机。

数码相机颠覆了传统胶片相机,智能手机又颠覆了数码相机。但毕竟受限于手机形态,其影像能力和相机比起来还相差甚远。于是,"用手机拍出专业相机的效果"就成了众手机品牌方的追求,而与相机品牌的合作也成为一种提升影像能力的方式。从品牌历史、竞争性等来看,智能手机与传统相机品牌的合作更加理所当然。

徕卡相机是德国徕茨公司生产的,徕卡(Leica)由徕茨(Leitz)和照相机(Camera)的前音节组成。徕卡相机最初

双加持：母体与合作

问世于 1913 年，是世界上最早的 35 毫米的照相机。徕卡相机以结构合理、制作精湛、品质卓越在世界上享有极高的声誉。在摄影爱好者心目中，徕卡是一个传奇，历史上很多知名摄影师都用徕卡相机留下了永恒的记忆，也记录着历史，罗伯特·卡帕的"士兵之死"、时代广场的"胜利之吻"、周恩来总理半身坐像、拳王阿里的出拳照……另外，昂贵也是其特有的标志，徕卡相机对于摄影爱好者来说，是一种奢侈品般的存在。

同期行业中，苹果的影像能力最为强大，OPPO 和 vivo 在拍照方面表现也非常突出。OPPO 直接打出的广告就是"拍照手机"，在人像方面以拍得美著称，捕获了广大年轻消费者的芳心。但在追求拍得美的情况下，也存在美颜过度的情况。出于追求影像能力的突破，华为一直在思考，如何让手机复制胶片时代那些伟大的照片，让手机拍摄的照片也有"情感"和"思想"。

华为早在 2013 年底就通过邮件和徕卡沟通，表达合作意愿，但被礼貌地回绝了。后来又经过几次邮件沟通，徕卡终于同意见面。双方在敲定合作之后，成立了技术专家组，主攻光学设计和图像质量。大家都知道拍照的时候非常容易出现鬼影和炫光，在合作的过程中，徕卡采用了相当于投影机一样的极端强光源测试鬼影和炫光，比华为平时用的测试光源强了几十倍，充分暴露了镜头的缺陷，然后通过优化光学系统的设计将鬼影和炫光的影响降到最低。

华为与徕卡首次合作的产品是 2016 年 4 月 6 日在伦敦发布的 P9 系列，与徕卡合作开发的双摄像头是其最大的亮点。在发布会上，华为邀请了 4 位国际顶级摄影师，向观众展示了他们用 P9 拍摄的照片，并分享了使用 P9 拍照的心得。P9 系列上市后大获成功，仅 8 个月销量就在全球高端手机市场突破 1000 万台，华为产品的影像功能获得了一众好评，华为行业引领者的品牌形象大幅提升。显然，这是一个双赢的合作，徕卡不仅获得了高额的金钱回报，也从一个小众品牌走到了大众消费者的眼前，借助手机这一电子消费品将自己影像方面的技术推而广之，普惠大众。

时任华为终端手机产品线副总裁的李昌竹这样评价与徕卡的合作："华为与徕卡真正突破的，不仅仅是技术，而是从手机拍照到手机摄影的升华，是从影像捕捉到情感表达的跨越。华为和徕卡的合作带给用户的是有温度的影像故事，有情感的自我表达，有情怀的人文互动。为用户提供高品质的产品、和用户在情感上达到共鸣，始终是华为追求的目标和境界。"

2. 与保时捷设计合作

众所周知，保时捷是全球著名的豪华汽车品牌，是一种高端的象征。保时捷和保时捷设计其实是两家公司。两个品牌在历史上有很多渊源，保时捷设计的创始人 Ferdinand Al-

双加持：母体与合作

exander Porsche 是保时捷集团创始人保时捷博士的孙子，同时也是保时捷 911 跑车的设计者。"保时捷设计"作为一家设计公司，它的主要业务方向是时尚用品，比如手表、箱包、皮具、眼镜等。由于企业名字都有"保时捷"三个字，所以都会给人带来高端感甚至奢侈感。

其实华为和保时捷设计的接触要早于徕卡，但被拒绝了。显然，这种情况的出现和华为品牌力有关，欧洲传统的奢侈品牌在早期普遍看不上这个出生于中国的华为品牌。或许是因为和徕卡合作的成功触动了保时捷设计，随后保时捷设计与华为达成了合作意向。在推进与保时捷设计公司合作的过程中，华为内部阻力也很大，普遍觉得对方只是一个品牌授权，保时捷设计的标志和名头对华为没有多少价值，华为则不仅需要承担产品设计的所有工作，还要根据销售额支付给对方很高一笔提成。但现在回想一下，如果没有保时捷设计合作的加持，华为在设计和品牌高端化方面可能还要走很长的路。事实已经证明，这个合作取得的成功与给华为创造的价值前所未有。

2016 年 12 月，华为推出第一款和保时捷设计合作的产品华为 Mate 9 保时捷版。华为 Mate 9 保时捷版采用对称美学设计，简洁清晰的弧线勾勒精致流畅的外形，初始 UI 采用神秘黑色风，整体给人的感觉非常尊贵大气。产品一经发售迅速成为爆款，一机难求，Mate 9 保时捷设计限量版一度被市场炒到 3 万元。合作的成功，也给保时捷设计带来了丰厚的回报，在后面与华为合作的过程中，保时捷设计的投入也逐渐增加。

看到了保时捷设计的品牌加持带来的效果，华为随后顺势开启了和保时捷车的营销联动。2018 年是保时捷 70 周年，华为专门打造了华为 Mate RS 保时捷设计瑞红版。华为还携手 SCC 超跑俱乐部，举办"致敬时代 HUAWEI Mate RS 保时捷设计 & SCC 超跑之夜"活动，邀请了一批高端会员和十几辆保时捷超跑助阵。之后又爆出王思聪喜提数台新机的新闻，一时间引起了媒体广泛曝光和消费者关注，也营造了稀缺效应。

2018 年也是中国改革开放 40 周年，《中国新闻周刊》推出了以"致敬时代——改革启示录"为主题的封面故事，通过专访国内知名的企业家讲述中国故事。十二届全国人大财经委员会副主任委员彭森，中国经济体制改革研究会副会长、中国改革研究基金会国民经济研究所所长樊纲，万通控股董事长冯仑，格力集团董事长董明珠，吉利集团董事长李书福等均在其列。华为 Mate RS 保时捷设计和企业家们一道，共同诠释了自强不息、敢于挑战、勇立潮头的拼搏精神。

另外，华为也不忘和年轻精英群体互动，与网易财经、网易新闻联合发起成立的青年企业家"00 派"俱乐部，致力于为新一代企业家打造最具社会影响力的价值链传播平台。

时任华为消费者业务手机产品线副总裁的李昌竹在讲述华为手机与徕卡、保时捷设计合作故事的时候提到："华为手机在冲击高端品牌时，不仅自己的产品要立得住，还要借助伙伴的能力一起'打群架'。"从这里面，我们可以清晰地看到华为在品牌合作方面的策略。

3. 与名人合作

通过名人代言提升品牌知名度应该是众营销手法中最有效的方式了，虽然华为集团对明星并不是很推崇，但华为手机作为 To C 的业务也不能免俗。和其他厂商不同的是，华为在选择合作明星的时候非常谨慎，会综合评估明星的影响力、受众、人设风险、与华为品牌的契合度等。

2018 年，胡歌代言荣耀产品。这期间，荣耀对外做营销传播的时候专门诠释和解读了胡歌不畏挫折、敢于跨越人生低谷的精神和谦虚、有内涵的品格，以此衬托荣耀"勇敢做自己"的品牌精神。

在华为品牌国际化的道路上，华为旗舰系列产品也有效地借助了国际顶级明星的影响力。2016 年 4 月，华为签约与自己品牌调性相符的两位好莱坞巨星作为 P9 手机全球代言人，"超人"亨利·卡维尔和"黑寡妇"斯嘉丽·约翰逊。亨利·卡维尔出演过《超人：钢铁之躯》和《蝙蝠侠大战超人：正义黎明》等，斯嘉丽·约翰逊出演过《复仇者联盟》《复仇者联盟 3：无限战争》《美国队长 3：内战》等。而后，在华为 Mate 20 系列产品上，华为和凭借《神奇女侠》火爆全球拥有众多粉丝的女神盖尔·加朵牵手……

除了与艺人合作，华为还签约全球有名的体育 IP 资源，这里面有直接和体育明星的合作，也有和球队、赛事或俱乐部的合作。体育最大的魅力来自赛事传递的激情和运动员本身那种不服输、敢于拼搏的精神，参赛的人、现场的观众、屏幕前的体育爱好者和粉丝都会被带动着、感染着。体育营销既可以很好地借助粉丝的狂热爱好与其快速拉近距离、加深情感联结，又可以结合区域特性，通过名人或赛事快速提升品牌知名度，切入区域市场。

华为在 2011 年成为意大利超级杯北京站的冠名赞助商，在之后的几年，华为陆续赞助了众多足球俱乐部和联赛，包括西甲球队马德里竞技、意甲球队 AC 米兰、英超球队阿森纳、荷甲豪门阿贾克斯、巴拿马足协、西甲联赛、俄罗斯足协等。这里举几个有代表性的案例。

2013 年 8 月，华为冠名了第五届中东地区青年海湾杯足球赛，第二年迅速与土耳其豪门加拉塔萨雷达成合作，2014 年 6 月又成为俄罗斯足协官方合作伙伴。同年，华为赞助的南非本地足球队 Ajax Cape Town 与 Kaizer Chiefs 在开普敦体育场开赛，44000 张门票全部售空，创下该球场除南非世界杯外的最高观赛人数纪录。华为手机也借助这次足球赛事被众多球迷所熟知，成功进入南非大众的视野。

双加持：母体与合作

华为在开拓欧洲市场时，借助足球营销，可谓收获颇丰。相关数据显示，华为在赞助意甲 AC 米兰、西甲联赛之后，华为手机在当地的品牌知名度和销售量都获得明显提升。在意大利，华为 P8 发售之后的激活率比 P7 增长了 78%，在西班牙的激活率同比增长 81%。2015 年，华为高端智能手机在意大利的发货量同比增长 293%，在西班牙发货增长率高达 448%。

在东欧市场，波兰是华为的东欧区域总部所在地，华为炮制了同样的策略。2015 年 9 月，华为签约波兰球星莱万多夫斯基。身为波兰人的莱万多夫斯基，这个保持九分钟进五球纪录的足球金靴，是当时德国拜仁慕尼黑俱乐部炙手可热的前锋，也是波兰人民心目中的英雄。根据当地华为工作人员反馈，签约莱万多夫斯基之后，当地的消费者对华为手机的好感度明显增加，把华为品牌看作是"英雄"的朋友。在随后的几个月当中，华为手机在波兰的表现突飞猛进，市场份额从 8% 疯狂飙升，在当年年底达到了 20%，和当时的霸主三星相差无几。

在体育营销的领域，华为并没有局限在足球领域，还先后结合区域市场消费者的喜好分别牵手过板球、网球、橄榄球等多种运动和赛事，通过体育项目或明星与当地消费市场加深情感认同、增进友谊、共享价值，并逐渐融入当地社会，落地生根。

4. 跨界营销

近些年,各品牌厂商热衷于跨界营销,经典案例层出不穷,当然,其中也有很多所谓的跨界营销只是从表面上热闹了一下而已,实则跨了个寂寞。跨界营销的本质是属于不同行业领域/细分赛道的品牌通过产品和营销方面的合作,实现一加一大于二的效果。所有的跨界营销都可以称为品牌合作,但并不是所有的品牌合作都能叫跨界营销。跨界营销的界线比较模糊,很多人会把手机品牌和明星艺人的代言合作也当作跨界营销,但笔者更倾向于用相对狭义的观点看待跨界营销,这样更容易理解其精髓。

参与合作的跨界品牌拥有不同的赛道,互相之间需要有关联点,这个关联点可以是相似的品牌内涵、产品特性,通过营销上的手法将其放大,进而达到共同的商业目的。从策划合作和效果达成上来看,跨界营销至少需要从下面三个关键维度考虑:

(1)产品激活。为自己的产品增添新功能、新卖点,从而给消费者带来丰富和多元的消费体验。

(2)用户拓展。借助对方品牌的受众群体拓展自己的用户范围,助力销量增长。

(3)品牌突破。汲取对方品牌内涵与特性,突破品牌原有的传统认知,增加新元素、展现新活力。

过多的跨界营销容易让品牌自我迷失,理想的跨界营销应该是根据自己的短板和品牌需要圈定领域后做跨界尝试，进而根据战略需要继续深耕。

跨界营销要存同求异，贵在保持各自品牌调性和形象不被颠覆的情况下，能够出其不意，形成化学反应，引爆话题形成有穿透力的传播，让人对品牌和产品耳目一新。比如，在消费领域被人热议的"椰云拿铁"。

瑞幸咖啡和椰树牌椰汁分属饮品领域的不同细分赛道，一个是新兴的年轻时尚的咖啡品牌，另一个是老牌的永远坚持做自己的果汁类饮料，两个风格完全不搭的品牌突然凑到一起，本身就在意料之外。2022年4月，双方合作推出"椰云拿铁"混合饮料，包装分别有瑞幸致敬椰树版和椰树致敬瑞幸版两款。产品上市后引起消费者广泛关注，成功撬动了微博、小红书、抖音等多平台的流量。瑞幸咖啡的消费者、椰树牌椰汁的消费者以及喜欢尝鲜的消费者都乐于一试。根据瑞幸咖啡对外公布的数据显示，椰云拿铁首发日单店销售量超130杯，总销量超66万杯，椰云拿铁被称为"首发日单品王"，随后又再次获得了"周销量王"称号。

2016年初，在拉斯维加斯国际消费类电子产品展（CES）上，华为发布了与轻奢品牌施华洛世奇合作的智能手表HUAWEI WATCH Jewel 和 Elegant，号称是全球首款女性专属的安卓穿戴智能手表，在手表的设计中加入施华洛世奇人造宝石和天然宝石，把科技和时尚元素完美地结合在了一起。

随后的三月份，此款手表在国内发布，国内版命名为星月系列，有人造宝石版和天然宝石版，活动上还邀请了众多时尚模特、设计师、明星，例如，超模奚梦瑶、外籍歌手爱琳、设计师王燕喃和王玉涛等。星月系列施华洛世奇人造宝石版，表圈上镶嵌着 68 颗施华洛世奇人造宝石。星月系列施华洛世奇天然宝石版，表圈上镶嵌着 68 颗施华洛世奇天然宝石。除了时尚的设计和璀璨耀眼的宝石之外，手表还具有离线支付、微信、地图导航、健康监测等功能。星月系列手表兼具轻奢风格和智能化功能，比一般的智能手表更精致，又比普通的手表更时尚，演绎了领先科技与设计美学的完美跨界，为女性消费者打造自信与迷人的腕上轻奢。

穿戴领域，除手表之外，眼镜是另外一个极具时尚属性的产品。2019 年，华为海外发布会上，介绍完 P30 后，余承东突然戴着一副墨镜登场，开始介绍华为旗下首款可穿戴智能眼镜——Eyewear。这款智能眼镜由华为联合潮流墨镜品牌 GENTLE MONSTER 一起打造。GENTLE MONSTER 是一家总部位于首尔的韩国潮流品牌，由 Hankook Kim 创立于 2011 年，主要研发和销售太阳镜、光学眼镜镜框、夹片等，业务覆盖全球 30 个国家。GENTLE MONSTER 以"创新高端试验"为宗旨，不断地给全球高端消费者带来惊喜和心动的潮流产品。其眼镜以独特的设计著称，实体门店极具艺术气息，深受年轻高端消费群体追捧，韩流明星全智贤、金宇彬，美国时尚名媛 Paris Hilton、影星 Jessica Alba 等非常多的明星都是它的忠实用户。

华为 Eyewear 定位是智能眼镜，在纤薄的镜腿上携带蓝牙模块，可以实现通话、听歌等功能。在降噪技术的支持下，有效降低了环境噪声对通话质量的影响。双击镜腿，可以完成接听/挂断、播放/暂停以及唤醒语音助手等操作。摘下眼镜音乐自动暂停，15 秒内重新戴上可继续播放音乐。眼镜外观设计以 GENTLE MONSTER 五款经典款式为基础，针对不同消费者的时尚追求或日常的佩戴需求，提供 2 款墨镜和 3 款光学眼镜。眼镜本身单次充电可以实现 2.5 小时持续通话/播放音乐。另外一个巧妙的设计是眼镜盒，和传统眼镜盒不同的是，GENTLE MONSTER 的眼镜盒不仅外观时尚优雅，从功能上还采用了非接触式无线充电技术，将眼镜正确放入盒中就可以给眼镜充电。

产品上科技与潮流有效融合，给消费者带来了新的体验；品牌上科技与时尚的跨界为双方都注入了新元素，让科技不再冰冷，让时尚也不仅限于表面。华为 Eyewear 的发布，让大众眼前一亮，他们眼中的华为不再是那个生硬、冷冰冰的"理工男"，而是懂生活的"时尚先生"。

双促进：中国与国际

前文中谈及华为集团层面的全球化，这里重点分享一下华为手机品牌在走向全球化之路上的营销方式。虽然，在任正非的观点里，华为是全球化而非国际化，但在实际发展过程中，母国标签和国际化认知是绕不开的话题。

从发展角度来看，每个企业都希望做大做强，覆盖到全球每个角落。但矛盾的一点是，每个企业和品牌的诞生，都带有母国的属性和标签，一个品牌从本土走向国际，需要良好地处理民族与国际两者间的关系平衡，这个问题对于当下中国企业来说更加重要，这里面涉及文化差异、地缘政治及社会环境等因素。过于中国化，很难融入以西方文化为主导的国际市场。过于国际化，会给国内市场的消费者带来情感上的失落感，处理不好的话，会埋下隐患。对于很多品牌来说，这是一个难以平衡的问题，非常考验企业经营和品牌管理的技术和功力。华为在这方面结合得比较巧妙，从一定程度上形成了中国与国际互相促进的效果。

在被美国制裁之前，华为被国际关注，至少有三个方面的原因：一是中国作为冉冉升起的大国，被全世界关注；二是华为担当了中国本土企业蜕变成国际化企业的代表；三是华为在中国乃至全球市场上的成功，打破了以欧美企业为主导的竞争格局。

双促进	
国际	国内
中国成功再放大	墙外开花墙内香
以区域市场和头部品牌竞争取得的成功扩大到国际范围，以国际化领先企业的姿态通过全球顶级资源合作塑造高端形象	以在海外市场上的高光表现传递给国内消费者，塑造民族脊梁的形象，以价格上的偏爱和情感上的认同，强化民族品牌的认知

中国成功再放大

中国自改革开放以来，物美价廉的"中国制造"产品在全世界走俏，中国企业的名字也逐渐被全球了解。而随着2008年由美国引发的金融海啸，更导致了欧美第一阵营的代表性企业业绩大幅降低。2008年第三季度爱立信收入增长13%、净利润下滑28%；阿朗收入减少6.6%，亏损4000万欧元；诺西收入减少14%；摩托罗拉收入减少15%，亏损3.97亿美元；北电亏损34亿美元，面临破产。在这种情况下，国际社会对来自中国的这一股竞争力量越来越警惕，对来自中国的企业的优异表现也会格外关注。华为则以优异表现成为从中国品牌中脱颖而出的代表，逐渐被欧美市场和国际媒体广泛关注。

在被广泛关注之前，关于华为的报道多出现在行业媒体中。在华为手机超越苹果和三星坐上中国市场头把交椅之际，美国时代杂志上曾经刊登一篇报道："Apple just lost its Chinese smartphone crown."（苹果刚刚失去了中国智能手机的皇冠。）随后很多生活类杂志也开始报道华为，并开始把华为和全球领导者品牌放在一起讨论。路透社报道称"Huawei's upbeat performance comes at a time when industry leaders Samsung and Apple are potentially facing a tough year ahead."（华为的兴起正值行业领导者三星和苹果可能面临艰难的一年之际。）

以研究企业管理著称的《哈佛商业评论》在报道华为的时候说："Huawei's culture is the key To its success."（华为的文化是其成功的关键。）另外，更有甚者，彭博社直接说："It's time the world learned To say H-U-A-W-E-I."（全世界是时候学习说"华为"了。）一方面强调了华为在全球的影响力，另一方面也颇为有趣地强调大家要正确发音。关于发音这个点，外国人念"华为"的时候感觉非常拗口，很难发音，其实华为在进军海外的时候内部也讨论过是否要改个名称。

华为在中国市场的胜利不断在全球放大，一度形成一种话题和舆论优势，不仅扩大了华为的知名度，而且通过权威媒体的报道和背书也加强了全球消费者对华为实力的认可。

除此之外，华为还通过自身的成功讲述了一个中国企业走向全球并获得领先的故事，向全球输出了研究案例。要知道，近几十年，国际上成功的企业基本都是以西方企业为主，几乎没有中国企业的影子。

墙外开花墙内香

国际媒体和大众对华为的关注更多的是因为"狼来了"，相比之下，中国大众对华为的关注在商业基础之上还附加了一层民族情感。在相当一部分大众心目中，华为就像一匹在海外征战的"战马"，每一次攻城掠地，都可以让国内粉丝心里扬眉吐气一番，甚至华为在海外的广告都可以引起国内强烈的共鸣，俨然形成了"墙外开花墙内香"的效果。

欧洲作为全球的品牌高地，是最能凸显"墙外开花墙内香"这种效果的市场。如前文中所提，华为在全球化过程中，首先是 To B 业务的全球化，然后是 To C 业务的全球化。华为手机品牌的全球化是建立在集团 To B 业务全球化基础上的，To B 业务全球化为 To C 提供了必要的经验、能力和平台资源。因此，华为手机品牌征战全球的过程要比 To B 业务开拓的过程顺利的多，见效也非常快。在跟随者和挑战者阶段，华为为了在欧洲提升品牌知名度，选择了体育营销中最受广大消费者喜爱的赞助足球体育项目这一方式。

随着移动互联网蓬勃发展，人们已经习惯于享受随时随地高速上网服务，然而在场馆这种高人口密度的场景中，3G、4G 移动网络无法满足人们高速上网的需求。2013 年 9 月，华为确定了和德国多特蒙德体育馆建设无线网络的合作。多特蒙德体育场是德国第一大、全球第九大体育场，球场容量 8 万多人，2012~2013 年赛季场均观众数全球第一。在和多特蒙德球场合作方式中，对方希望用权益兑换的方式支付华为布局无线网络的部分费用。彼时的华为运营商业务不需要此类赞助性质的推广，同属于 To B 性质的企业业务处于发展初期，也不太适合，最适合使用这个权益的就是华为终端业务了，华为手机也就顺理成章地成了多特蒙德的品牌赞助方。随着足球赛事的举办，华为品牌迅速扩大了在欧洲的知名度，并且借着高强度曝光的势能，华为也顺势把"成功建设全球首例场馆 WiFi"的案例打了出去。

成功的实践，让华为看到了体育营销良好的效果。此外，华为终端前后还分别赞助了意大利 AC 米兰、西甲联赛、英超阿森纳、法甲巴黎圣日耳曼等诸多欧洲强队。除了足球之外，华为也逐渐开展了与其他体育项目的营销合作，如网球、篮球等。一系列的体育营销，不仅俘获了海外的球迷，也赢得了国内消费者的青睐。当国内大众看到一个国产品牌拥有这么大的实力、能和全球顶级赛事或巨星合作的时候，当看到带红色华为 Logo 的广告铺满意大利等欧洲国家大街小巷的时候，不由得心生好感。

品牌的提升也带来了市场上的良好表现。根据第三方调研公司 GFK 的数据，2015 年华为智能手机在欧洲中高端市场份额大幅增长，其中在西班牙、意大利、比利时、瑞士、葡萄牙等多个国家和地区市场份额排名前三。

另外一个典型的案例发生在中东。2018 年 10 月，华为 Mate 20 系列在中东发布，华为在迪拜哈利法塔上打的一个广告在国内引起了广泛关注，一时间，在微博和微信朋友圈刷屏，各家媒体争相报道。哈利法塔高 828 米，共 162 层，是迪拜的标志性建筑，也是世界第一高楼，拥有全世界面积最大的 LED 屏幕。酷炫的画面伴随着动感的音乐，即便不在现场，也可以感受到震撼的效果，有不少网友表示，当看到华为的 Logo 出现在哈利法塔上时，不禁想为华为点赞！为中国骄傲！不止华为的 Mate 20 系列，华为 P30 系列在中东发布的时候也采用了同样的方式，再次闪亮在全世界最高的户外广告位上。在这里做广告的费用巨大，网上传有不同的版本，最引发讨论的点是华为与迪拜签署了超大 5G 合同，订单接近五百亿元，为了庆祝合作，迪拜政府免费赠送华为在哈利法塔上播放广告。

价格上的偏爱

如果说民族情感上的认同只是精神上的共鸣的话，那价格上华为对中国市场的偏爱,则让中国消费者感受到了宠爱。

华为自从调整了产品发布的策略之后,旗舰产品选择在欧洲首发,中国则适当推迟一段时间发布。这个设计非常巧妙,华为优先在海外发布,高端的事件策划、有竞争力的产品和自带 IP 影响力的"余大嘴",都会成为国际媒体争相报道的内容。华为当然不会放过母国市场。所以,在海外的发布会之后,国内紧接着就会有很多媒体报道,国内消费者可以通过这些报道提前了解产品信息和价格,从而形成深刻的第一印象。从某种程度上讲,这已经在消费者心里做了一次预期建设。当中国消费者看到同样的产品在中国的价格比海外便宜的时候,会明显感觉到赚了,进而对华为萌生极大的好感。除了在前面讲到的 P6 产品之外,以华为 Mate 20 系列为例,网友做了对比发现,国外售价比国内要贵 2000 元以上,华为 Mate 30 Pro 8+256 版本海外售价比国内高将近 3000 元。

华为消费者业务 CEO 余承东曾表示,华为在欧洲的价格明显比国内贵,且华为是唯一一家在国外卖得贵、国内卖得便宜的手机厂商,其他品牌都是相反的。这种价格差让中国消费者一方面更能接受其在中国的价格,另一方面也感受到华为的良心所在。炙手可热的产品和较大的价差,引得"花粉"们(华为粉丝的昵称)频频称赞,甚至有网友仿照华为的口吻发微博说:"再给我们几年时间,到时候你们出国的时候倒腾几部华为手机,你们就能把来回机票钱赚回来了。"

双促进：中国与国际

2019年之后，华为因为美国的打压，再次点燃了中国消费者的民族情感，视华为为民族品牌和国货之光的消费者和大众群体积攒了一股"不买华为就等于不爱国"的民族情绪。为了防止把消费行为和爱国情怀捆绑，任正非在接受访问时专门做了强调，并举了自己家人的例子，提倡理性消费："我的家人还在用苹果手机，不能狭隘地认为爱华为就爱华为手机。华为是一家商业公司，提供的是商品，用了喜欢你就用，不喜欢就不用。"

当然，我们从华为这一路的发展也可以非常清晰地看到，无论是国内还是国外，华为手机产品的定价都在不断升高。从商业角度以及消费者第一心理感知来说，高价格是衡量一个产品和品牌是否高端的最直接标准。如果高端手机定的价格偏低，消费者对该手机品牌的心理定位就会相对较低，甚至一些消费者会因为价格低而产生不信任感。这种现象可以被称为"凡勃仑效应"，是制度经济学派的开山鼻祖托斯丹·邦德·凡勃伦提出的，即商品价格越高，越容易受到消费者青睐。其实，这反映了一种普遍的挥霍性消费心理现象，消费者借此向他人炫耀和展示自己的财力和社会地位，希望因此给自己带来声望和名誉。但这种现象存在一定的边界，也需要构建在一定的基础之上，当产品和品牌给消费者带来的体验不足以支撑定价的时候就会轰然倒塌。而华为的产品在领先的科技支撑之下做到了平稳提升。

终端店面升级

华为手机品牌发展的过程是高端突破和全球化建设的过程，从全球来看都是绝佳的研究案例。然而，品牌高端化和全球化是一个复杂的系统性工程，除了前面提及的品牌定位、产品布局、技术支撑、竞争策略、合作策略、品牌传播等维度外，还有很多需要考虑的因素，终端店面就是其一。

终端店面承载着线下销售这一最重要的职能，同时也是吸引顾客来店消费体验的重要营销触点。传统的商店销售模式是陈列产品供消费者选择购买，随着消费的升级、产品的丰富、展陈方式的升级，商店的模式也从产品陈列的单一方式逐渐演化和丰富为主题化、场景化以及生活方式的展陈、互动、体验，品牌方也得以通过更加多样的方式让消费者在选择产品的时候，感受到除了产品功能之外的更多内容，如品牌的内涵、生活的理念等。

手机行业的终端门店有两种典型的形态，一种是以OPPO、vivo为代表的大量街边店，高峰的时候覆盖了大街小巷，甚至在一个路口就能同时看到好几家。另一种是以苹果为代表的旗舰店，数量很少，但每一家店的选址和装修都能看出其精心的思考和安排，尤其是超级旗舰店，位置上会选择城市的核心商业圈，同时也会把自身打造成一个城市的地标性场所。

苹果在终端店面的建设方面有自己独特的思考，苹果零售业务高级副总裁安吉拉·艾伦茨曾经表示："我们并不想要建设更多门店，但我们希望提供类似广场、集会中心的场所。当活动开始时，我们希望你们可以在苹果见到彼此，看看正在发生什么。""苹果不仅是在升级零售店的设计，而且是在扮演更重要的社区角色——为顾客们提供教育与娱乐，同时为当地的企业家们提供服务。"

华为既羡慕苹果神一般的存在，又眼馋OPPO、vivo以遍地覆盖的方式带来的线下销量。在布局终端门店方面，华为有旗舰店、品牌体验店、品牌授权专卖店、专柜专区等，这些不同分类的终端店面拥有不同的定位和职能。其中旗舰店是最能塑造品牌高端形象并获取消费者认同的店面形式。华为从2019年起开始重点发力线下，相继在全球标志性都市建立高端店面，如意大利米兰、法国巴黎、英国伦敦及中国一线城市等，以高大上的形象和时尚地段强化高端时尚品牌形象。

旗舰店这类终端门店定位最高，投入最大，以全面提升品牌形象为主要目标，在消费者心中塑造高端、领先的认知。

地点往往选择在一线城市的地标性商圈周围,比如法国巴黎旗舰店选择在巴黎歌剧院旁边,上海旗舰店选择在最繁华的南京路上。

考虑到其重要性,旗舰店都是品牌方直接管理运营。在这些华为旗舰店里面,上千或者几千平方米的超大空间会被分为不同的功能区域,有产品体验区、售后服务区、商务洽谈区、公开讲座区等,在这里可以体验到最全面的华为产品和最先进的科技,还可以参加主题交流与分享课,涵盖摄影、摄像、运动健康等,代表了华为对未来生活、科技发展、电子产品的最新理解。旗舰店是实力的体现,同时也向大众呈现了华为的精神面貌、品牌内涵,让消费者从产品、功能上的认同上升到了心理、情感的认同。

2020年3月6日,华为在法国的第一家官方旗舰店正式开业,位于法国巴黎歌剧院旁,距离苹果旗舰店仅几步之遥。旗舰店由华为巴黎美学研究所主导设计,据说其设计灵感源于法国的标志性建筑凯旋门,以及凡尔赛宫有名的镜厅和拥有百年历史的奥斯曼建筑,并结合法国时尚美学与古典建筑的精髓而诞生。先进的设计理念和展陈方式都突破了传统零售店的模式,细节中体现了华为以客户为中心的管理文化和精益求精的匠心精神。独特的设计风格、古与今、人文与科技很好地融合在一起,仿佛一个豪华的现代化宫殿。

旗舰店分为两层,从外观上看,巨幅的门头由八十多个华为的首字母"H"组成，两旁的落地橱窗借鉴了法国的高端品牌陈列方式，高端、简约的感觉扑面而来。店内分为智能生活、智能办公、视听娱乐、运动健康、人工智能体验等多个区域。产品也是应有尽有，包括最新发布的产品，以及面向未来的 AR/VR 应用体验。店内楼梯两侧挂着很多华为手机拍摄的巨幅照片，是华为影像能力最直接的呈现。在这里，华为带给你的不止是一只手机、一块手表，而是全新的生活方式。它也不再是产品的售卖，而是为大众提供了一个与未来科技对话的空间。

同年 6 月 24 日，华为上海南京东路旗舰店正式开业，这家店位于南京东路 233 号，原本是上海二级历史保护建筑南京大楼，经过修缮和改造后变身为华为旗舰店。其营业面积达 5000 平方米，是全球最大的华为旗舰店。

旗舰店内采用了"中庭"的设计风格，合理利用了建筑本身的天井。一楼以产品展示为主，分主题和类别陈列，消费者可进行便捷的购物与场景体验。二楼是全场景体验区，分为智能家居、移动办公、运动健康、智慧出行、影音娱乐等五大场景，消费者在这里可以体验智慧生活带来的便利。三楼会日常推出一些活动，为消费者提供学习和交流的空间，主题有影像、运动健康、音乐、艺术等。另外，店内设置了很大的公共空间，简洁、大气的环境将科技的温度与建筑的历史底蕴融合在一起。

偌大的旗舰店并不以销售为目的，店内员工被称为"体验顾问"，本身没有销售任务，主要负责与顾客沟通，帮助顾客更好地体验华为的产品。时任华为 CBG CMO 的朱勇刚介绍说，华为设立全球旗舰店的项目，从本质上讲还是主打服务、体验、品牌，从长期来看，有助于提高华为在消费者心目中的地位。"之前的零售是交易模式，但现在线下旗舰店是体验、沟通和互动模式，我们会加大对直营的投入，在这些重要城市和国家华为都会考虑开设旗舰店。"

南京旗舰店和法国巴黎的旗舰店所处位置都属于全球一级城市的顶级商圈，从旗舰店的定位、体量和配置上看，它们都可以被称为超级旗舰店，它们代表着品牌形象并向全球的消费者传递着自己的品牌理念。

仅次于旗舰店的是品牌体验店，这类门店一般会选择一个国家的一、二线城市的核心商圈、高端购物中心，面积在百十平方米左右，空间构成比较简单，以产品展示和体验为主，兼顾品牌形象建设和销售功能。再者，就是授权专卖店，相当于授权加盟店，分布更广，在位置选择上有较大的灵活性，如各国一线城市核心商圈或一、二线城市的常规商业中心、繁华的街区、购物中心等，以销售覆盖为目的，满足消费者的就近体验和购买需求。

此外，还有商场中的专柜、专区，以及遍布街巷的"夫妻店"，这纯属是为了销售触点覆盖，此处暂不展开。不得不说的是，高大上的旗舰店可以给消费者带来实力的信任，遍地开花的街边店也可以让消费者感到一个品牌的受欢迎程度，但从高端品牌建设方面来看，以旗舰店为首的终端店面显然是营销环节中的一个杀手锏。

至此，华为To C营销方面的主要内容已基本分享完毕。当然，华为To C业务不仅仅是手机，在华为的终端产品布局中还有便携笔记本、平板、智能手表、智能手环等多种消费电子产品，华为想要为消费者提供的是全方位的智能生活解决方案，此处主要是通过手机这一核心终端业务做了展开，分析其品牌建设和信任营销的方式。在华为塑造可信赖的企业形象的过程中，另外还有三个维度的事情也起到了至关重要的作用，一个是看得见的"公关"，一个是看不见的"社会责任"，还有一个是容易被忽略的员工影响力。之所以说公关是看得见的，主要是因为其工作见效更快、结果呈现更明显，而社会责任很难直接看到效果，员工影响力则如蚂蚁雄兵。

伯奈斯式公关

对于公共关系（简称"公关"），人们有不同的理解，在不同的企业运作中也有不同的定位与职能。简单来说，公共关系是指某一组织与社会公众的关系，是组织为了促进公众对组织的认识、理解与支持，进而采取的一系列公共活动。美国公共关系学者莱克斯·哈洛博士的观点则更为全面，他认为：公共关系是一种特殊的管理职能，它帮助一个组织建立并保持与公众之间的交流、理解、认可与合作；它参与处理各种问题与事件；它帮助管理部门，了解民意，并对其做出反应；它确定并强调企业为公众利益服务的责任；它作为社会趋势的监视者，帮助企业保持与社会同步；它使用有效的传播技能和研究方法作为基本工具。

在不同的企业中，由于公关的能力不同，公关的职责范围也会有很大差异。从普遍共识的角度来看，公关有这几个基本特征：

（1）最基本的任务是协调企业与公众的关系，赢得信赖、好感、合作与支持，进而塑造企业良好的社会形象。

（2）公众关系是个广义的概念，按照不同的受众可以分为普通消费者关系、媒体关系、雇员关系、政府关系、合作方关系等。

（3）需要借助直接对话交流、媒体渠道、媒介等资源和沟通手段传递企业信息。

从本质上讲，公关是营销的一种方式。传统的公关沟通方式以单向传播为主；后来，被称为公关之父的爱德华·伯奈斯更高一筹，在操作方式上，他更强调通过多元的方式宣传包装，影响群众的认知和意识，进而转化成个体行为或集体行动，实现组织/企业目的。爱德华·伯奈斯创造了很多公关方面的经典案例，他成就了宝洁的"象牙香皂"，成功地让美国人爱上了本来不太受欢迎的芭蕾舞……他被称为是影响民意的人。

华为公关的职责

华为公关具有典型的伯奈斯风格，通过有效的沟通方式，让公众对华为形成正向认知，不仅极大地助力了华为品牌的建设，也助力了华为业务的开展。

华为对公关的定位和认识远高于其他企业。2020年3月，华为发布的一则公共及政府事务部招聘启事，是这么介绍的："华为公共及政府事务部是华为面向政府、媒体、智库学者等利益相关人进行对话及沟通的窗口，旨在全球范围内构建良好的营商环境,逐步在政府和公众中构建起华为公司的影响力和品牌,赢得信任。"任正非说:"公共关系的真正目的,是帮助公司减少一点阻力。"时任华为公共及政府事务部总裁的陈黎芳说:"公共关系部门的目的是营造和谐的商业生态环境,以支持华为在全球获得公平参与、发展的机会。"

但任正非对公关的认知和定位并不是一开始就有。如前文所述,任正非从创办华为开始,一直不愿意接受任何媒体的正面采访,也从不参加评选、颁奖活动和企业家峰会。不仅如此,他还要求内部员工对外保持低调,他说:"希望全体员工都要低调对待媒体,因为我们不是上市公司,所以我们不需要公示社会。我们主要是对政府负责任,对企业的有效运行负责任,对政府的责任就是遵纪守法。"直到华为决定进入手机市场这类大众消费领域时,华为才意识到不能再做鸵鸟,需要适当改善媒体关系,才进而拓展面向公众的沟通。

华为集团公关的定位与阶段性目标

定位:华为公共及政府事务部是华为面向政府、媒体、智库学者等利益相关人进行对话及沟通的窗口,旨在在全球范围内构建良好的营商环境,逐步在政府和公众中构建起华为公司的影响力和品牌,赢得信任。

2010年
营造和谐的商业生态环境,支持公司在全球获得公平参与、发展的机会

2015年
帮助公司减少阻力,营造良好的商业生态环境,平衡市场霸主形象

2018年
从人类文明结晶中,找到解决世界问题的钥匙

伯奈斯式公关

2010年,华为升级业务与组织架构,首次在集团层面设立了 PR&GR 部门,该名称一直延续到 2016 年,才由"PR&GR"调整为"公共及政府事务"并延续至今。2010 年 11 月 25 日,华为召开了一个议题为"改善与媒体关系"的座谈会,这个会议是华为公关工作历史上的分水岭和里程碑。会上,任正非对自己曾经的态度和做法做了自我批评:"我和媒体打交道的方法是存在障碍的。但华为才是个二十多岁、朝气蓬勃的小伙子,确实需要被世界正确认识。别人对公司的误解,很重要的原因在于我们不主动与别人沟通,甚至连被动的沟通我们都害怕,还把这当成了低调。在舆论面前,公司长期的做法就像是一只把头埋在沙子里的鸵鸟,我可以做鸵鸟,但公司不能,公司要攻击、前进。"任正非提出,必要的宣传是需要的,要敢于对外宣传事实真相,要放下封闭和傲慢,善待媒体,但坚决不利用媒体。自此,华为逐渐开启了披荆斩棘之路。

2010 年是华为公共与政府事务部第一次做五年规划,在这次战略规划中,对公共与政府事务部的职责定位是:"营造和谐的商业生态环境,支持公司在全球获得公平参与和发展的机会。"其重点工作分为四类,其中一个最重要的任务就是"身份的证明"。

任正非与华为是分不开的两个标签。任正非在创建华为之前,曾经入伍当过基建工程兵,参与辽阳化纤总厂工程建设任务并历任副所长，无军衔。也许是因为这段经历，才有了所谓的华为有"军方背景""与安全部门有关"等各种猜测。

任正非的身份是外界关注的其中一点，但并非全部。华为企业在发展的过程中，一直存在身份证明的问题，外界对于华为的成功和企业的性质有不同的声音。除了对创始人身份的质疑之外，这种质疑的声音还扩展到了华为企业的经营，例如华为到底是谁、成功的秘密是什么、华为与电信运营商的关系、华为为什么不上市、华为是否侵犯其他公司的知识产权、华为的设备是否存在"后门"等信息安全问题和合规经营质疑。

华为越强大，有关其背景的质疑也就越喧嚣，尤其是在全球化的道路上。由于信任度不够，所以以西方为主的市场并没有完全接纳华为这一家民营企业。这种质疑甚至引发了美国国会在2012年对华为的调查，并将华为阻挡在美国主流市场之外。而据华为高层透露，华为早在2010年以前就已经通过美国最大电信运营商AT&T的认证，本来有望成为其4G设备的供应商……

为此，华为在公关沟通中，花费了大量的精力去讲述"华为是谁"，以此来加深客户的认知，增强外部受众和机构对华为的信任。要回答这个问题并不简单，仅单向的告知给媒体是不管用的，还需要结合自身实际行为让他们相信你，并尽可能进一步支持你。华为公共关系团队在推进"身份证明"的时候做了全方位的落实,做到了受众精准、内容全面、渠道全面。

"身份证明"的目标受众并不是广义的大众人群和普通老百姓,而是面向社会中的上层精英人群、有一定权利和社会影响力的人士。这些人掌握了社会的话语权,是信任建设首选要去攻克的堡垒,他们的认可会影响大众的认知。

从沟通内容上来讲,华为长期都在围绕着几个形象而推进,这几个关键的认知也组成了公众对华为信任的基础。

◆负责任的稳健经营者:强调华为在全球不仅是遵纪守法的商业公司,而且是负责任的全球企业公民。

◆创新的信息社会引领者:强调华为在科技领域和信息化时代做出的贡献,华为既是技术创新的领导者,也是思想方面和企业管理创新方面的领导者与先行探索者。

◆合作共赢的产业贡献者:强调通过合作共赢的方式为产业界和全球数字经济做出贡献。

在传播渠道和方式上,"身份证明"不同于一些常规的活动和项目,这是一个长期的宣传框架,所以华为并没有寄希望于通过几个活动实现目的,反而采用的是润物细无声的方式,与业务结合,通过公关媒体活动、高管发言、媒体传播、营销事件搭载等多种渠道,整体以常态化的碎片式传播,不断构建外界对企业的认知。任正非在2014年"身份证明"汇报中也提到,身份证明的传播要从侧面反映主题,而不是平铺直叙地表达"我是谁"。从细节小事入手,逐渐展现出大的轮廓,逐渐构建完美形象。不主张一次性全面讲清楚,而是用活生生的事例来证明华为对社会的责任。

公共与政府事务部工作的开展是卓有成效的,2015年9月,任总在听取公共及政府事务部工作汇报时表达了对这项工作的认可:"你们提到的'身份证明、政策到市场、网络安全、贸易便利化'这四点工作,总体做法是正确的。目前可以看到,公共关系建设已取得了很大成绩,全世界对我们没有什么质疑,遇到的阻力越来越小,这就是你们成功的一个表现。"

在会议上,任正非指出,"公共及政府事务部工作的总体目的是帮助公司减少阻力,营造良好的商业生态环境"。这次定调和2010年一样,都是围绕营商环境进行的。但仔细分析会发现,2010年的华为处于新业务和欧美市场大踏步拓展前期,所以公共及政府事务部的职责定调强调"获得公平参与、发展的机会"。到了2015年,华为已经展现出了行业引领和全面领先的姿态,所以更加强调要帮助公司减少阻力。

因此,任正非在会议中也强调,"公共关系的真正目的,是帮助公司减少一点阻力。在技术上，华为已做到行业领先，公共关系就是要平衡我们市场霸主的形象。公共关系不是强势部门，而是要成为和事佬。如果有人希望公共关系发展成进攻型的组织，帮助他们解决什么问题，我认为反而是错的。公共关系过于激进带来的后果是什么？阻力会更大。因为我们本身就像一把刀子，已经插得很深了，如果你们还推一下刀子，那么阻力只会更大。而且我们不需要搭谁的车，就是走路，一点点慢慢走。"

在这次重要会议中，任正非还从方式和方向上强调了如下几点：

第一，身份的证明。"水多了加面，面多了加水"，保证主航道正面评价有60%~70%、负面评价有30%~40%，才是正确的。长江有主航道，也有些漩涡，漩涡旁边还有些木屑。江水在中间流得很快，边上流得很慢，还有回流。我们认为，这才代表真实。如果说我们很清晰地宣传"华为就是一个主航道"，招来的其实是对立。我们要允许边上流一些木屑、漩涡，所以宣传的声音不一定要整齐划一，我们现在的宣传就做得比较好。你们看，社会上的评价一会说我们好，一会说我们不好，但大多数都聚焦在主航道上，已经承认我们的价值观。比如，德意志银行副行长对孟晚舟讲，华为公司默默奋斗，改变了世界文化；剑桥、哈佛等学校有几篇文章写到，华为改变了世界；西方很多经济学家已经清晰认识到，华为的价值观会对世界产生很大的影响……目前这是少量精英的认识，不代表普遍观点，但是我们"以客户为中心"的文化，应该会变成普遍认识，逐渐得到人们的认同。

华为文化已经在世界舞台产生回音，未来两三年，我们的销售收入将很快超过1000亿美元，那时，他们肯定的声音就会来了。当然负面的声音也会增多，公共关系永远不要把自己说得太好了，任何极端都不会永恒，最后都要回头，只有平庸才会长久。

负面新闻、正面新闻，到底对华为好不好？想不明白其实就成功了。这一点你们要向心声社区学习，员工在心声社区论坛上辩论起来，其实大多数观点还是偏正确的。这次"明日之星"选举，高级领导都很有压力，担心选出很多不好的标杆来，根据现在的评选结果来看，群众的评价体系也很有水平。

第二，我们要利用网络媒体这个概念，从各种媒体的报道扩展到一些微博、微信大V。只要这个大V不指责政府、不评论政策，讲的都是微观，我们就要把他变成朋友，请他看看巴展，参加一些活动，让他有所感触。比如他有100万个粉丝，他发布后有很多人会转发，可能就会覆盖几千万人。视频停留在表面上，其实文字的穿透力比视频更厉害。

第三，"身份证明"广告要表达出华为厚积薄发。你们看我在英国研究所的讲话，"华为是代表人类在突破前沿，而突破是很艰难的，必须要厚积薄发。"（注：此处提到的厚积薄发传播，已在前文讲述思想领导力传播中提及。）

时间来到2018年，华为以通信为主的To B业务走在了世界前列，且遥遥领先其他行业厂商。To C消费者业务全面超越三星和苹果指日可待。智慧的任正非早就看到了华为未来发展所面临的阻力并不是来自行业和友商竞争。同年9月29日，在公共关系战略纲要汇报会的讲话中，任正非对公共关系和政府事务部提出了更高的要求：从人类文明的结晶中找到解决世界问题的钥匙。这是一次高屋建瓴的讲话，里面蕴含着任正非独特的管理哲学和对公关前所未有的期待。完整的文章可以在网上的公开信息中看到，这里摘录几条如下：

"公共关系要把华为的价值观讲清楚，大帽子一定是'合作共赢'，要以高屋建瓴的方式建立世界的平衡和合作共赢的格局。如果没有这个纲领，那就容易被理解为要颠覆世界，世界就会排斥我们。领先者，可以只顾自己；领导者，就要顾及他人。这么多年来我们都想领导行业，但我们还做不了领导者。那我们就要实现战略领先，利他和合作共赢，与西方的价值诉求是一致的，公共关系一定要强调和平共处。"

"公共关系要建立一个领导世界的模型，营造领导者的环境，可以和技术、市场走不同的价值观道路。公共关系走的是合作共赢、领袖姿态的道路；技术和市场要领先，走的是竞争道路。它们虽然是不同的道路，但可以慢慢协调，公共关系是多帮助，不是多指责。如果是走相同的道路，那么正反馈容易让公司走向极端。公共关系对公司应该是负反馈，要约束公司的一些极端行为。公司左的时候，你们应该右；公司右的时候，你们就左。这样才能避免走偏。"

"当前我们还缺乏对西方世界（权力结构、文化与冲突、价值观、社会心理等）的深刻理解和认识。在西方占据强势话语权和世界主流价值观地位的现实情况下，我们只有站在西方的立场上理解西方价值观、基于西方的思维方式进行对话，才能有效沟通，才有可能找到解决问题的办法。"

"公共关系要走搭载的道路，工作职责边界不要太清晰化。不是要求你们增加很多预算、编制来做这个事情，而是全员都要参与。公司高层领导本来就要做公共关系。地区部总裁、代表……所有领导其实也是公关经理。我以前给终端讲过，做广告可以捎带一下公共关系。这个广告还有点文化，当然，公共关系宣传时也可以捎带终端。另外，民间宣传渠道（如员工个人账号），都可以发散。余承东微博有上千万粉丝，粉丝中还套粉丝，给你们贴一下，就可以在民间开始发酵。我们全员都是公关，每个人的一举一动、一言一行实际上都代表了公司的形象。"

……

伯奈斯式公关

"身份证明"的实践

任正非在华为新的发展阶段对公共关系团队提出的更高要求,难度之大难以想象,华为公共关系团队能否找到这把解决世界问题的钥匙,尚需要时日去观察。但从后面华为和美国政府抗争的过程中,我们已经感受到了华为团队的智慧。这些从华为处理这次史无前例的危机事件的公关口径中可以窥见一斑,毕竟危机公关最能考验公关团队的能力。

孟晚舟在加拿大被抓之后,华为发布声明:"近期,我们公司CFO孟晚舟女士在加拿大转机时,被加拿大当局代表美国政府暂时扣留,美国正在寻求对孟晚舟女士的引渡,面临纽约东区未指明的指控。关于具体指控提供给华为的信息非常少,华为并不知晓孟女士有任何不当行为。公司相信,加拿大和美国的法律体系会最终会给出公正的结论。华为遵守业务所在国的所有适用法律法规,包括联合国、美国和欧盟适用的出口管制和制裁法律法规。"

孟晚舟获得保释之后,华为发布声明:"我们的CFO孟晚舟女士近期在被加拿大当局代表美国政府暂时扣留之后,今天法庭作出判决,同意保释。我们相信加拿大和美国的法律体系后续会给出公正的结论。正如我们一直强调的,华为遵守业务所在国的所有适用法律法规,包括联合国、美国和欧盟适用的出口管制和制裁法律法规。我们期待美国和加拿大政府能及时、公正地结束这一事件。"

以上是在美国制裁华为事件的初期，华为孟晚舟被抓和被保释阶段，华为发布的公关声明。简短的文字透露着华为公关的成熟与智慧。不卑不亢的态度，只客观地描述已发生的事实，强调华为是遵纪守法的企业公民，同时强调相信美国和加拿大的法治体系，克制且坚定，不带有任何情绪。这种风格贯穿了整个事件的全过程，和很多企业面对危机公关时的状态形成了鲜明对比。

2019年，随着美国对华为的不断打压，全球对华为的关注度急剧增加。单纯的公关声明是被动的。华为究竟是一家什么样的公司，会让美国不惜动用国家力量打压一个民营公司？另外，这次美国对华为提出的质疑，究竟是不是如其所说？为此，华为除了通过法律等手段寻求解决之外，还采取了很多主动传播的方式。这里给大家分享其中两个传播活动，一个是和英国BBC联合制作的纪录片 *Who is Huawei*，另一个是和日本导演竹内亮合作的纪录片《华为的100张面孔》。

1. Who is Huawei

英国BBC以客观公正著称，在全球范围内都拥有极大威望和信服力，这次为华为制作的纪录片 *Who is Huawei*，共有四个篇章，以华为发展的过程为主脉络，系统地介绍了华为。

第一篇，《白手起家》，从中国20世纪80年代的时代背景切入，介绍了华为创建的过程。重点强调了任正非出生于一个普通家庭，1974年参军，离开军队后，和几个合伙人集资21000人民币创建了华为，没有用国家一分钱，和军队也脱离了关系。后来被逼选择了自己研发制造。整个过程体现了创业的艰难。

第二篇，《孤注一掷》，从中国20世纪90年代的时代背景切入，介绍了华为的市场开拓过程，华为选择从农村市场开始，一步一个脚印。在无线电技术方面坚定地选择了GSM，错失了中国市场的热门技术和高利润的小灵通，走向了拓展海外市场的道路，并开始投入巨资引入IBM等先进的西方管理经验。

第三篇，《中西合璧》，以2000年为时代背景切入，介绍了华为从欠发达国家到发达国家的市场路径，及在海外市场的长期投入与坚持。特别强调了华为以客户为中心、在西方发达国家根据当地情况开发解决方案的案例，特别强调了华为通过科学创新和技术创新获得欧洲市场的突破。2005年，华为一半以上的合同销售额来自国际市场，这成为了华为最主要的业务增长驱动力。

第四篇，《未来已来》，以2010年代为时代背景切入，随着5G、人工智能等技术的发展和应用，科技的进步在推动企业和国家的发展。华为用技术有效帮助了落后地区缩短和发达市场的数字鸿沟，华为的创新从关注科技创新到关注理论突破。视频中任正非强调："华为价值体系的理想是为人类服务，不是为金钱服务。"华为希望科学技术的进步可以改善未来人们的生活。

2.《华为的100张面孔》

竹内亮是一位日籍导演，移居中国后拍摄了很多客观讲述中国故事的纪录片，包括《我住在这里的理由》《好久不见，武汉》《走进大凉山》等，通过外国人的视角观察并讲述中国的发展，为国外大众提供了独特的认识视角，也获得了众多海外观众的好评。他拍摄时从不设定脚本和主题，而是边走边拍，捕捉最真实的生活。"我不喜欢引导，更希望拍摄到真实的故事。"

从2020年12月起，竹内亮开始拍摄《华为的100张面孔》，通过揭秘、访谈的方式走进华为，探索华为深圳总部，走访上海研究所，对话不同部门不同岗位的"华为人"，深入挖掘多面、客观、真实的华为。

第一集，主题是"华为还能存活吗"。竹内亮把亲自了解华为的过程拍下来了，纪录片中拍摄采访的人跨度比较大，有美国人、加拿大人，还有中国天才少年、轮值CEO郭平。话题中还聊了华为的方方面面。在与轮值CEO郭平对话的过程中，竹内亮提到了多个比较尖锐的问题。整个视频让大家看到了多元、开放和有潜力的华为的各个侧面。

第二集，主题是"5G和AI将如何改变我们的生活"。竹内亮以场景化的方式分别讲述了华为5G和AI技术给机场监控中心、港口码头、自然保护区以及影视方面带来的改变；带大家感受到了华为如何结合各行各业的场景和痛点，通过技术解决问题，给我们的工作和生活带来的变化，以及创造的社会价值。

第三集，主题是"真正控制着华为的人到底是谁"。这次竹内亮导演来到了位于东莞松山湖的华为松山湖研究所基地，感受了欧式的办公环境，去了青藏高原高寒地区体验了基站建设的过程，到了上海参观了华为旗舰手机产品线，最后还探访了位于深圳总部的股权室，看到了任正非的持股信息。

……

竹内亮的纪录片还有很多集，他现身说法，用生活式的记录方式，让大众有更加全面的感受。

可以说，华为从创立后的三十多年来，一直面临的一个很大挑战就是如何证明自己是谁，这个问题也是媒体界一直关注的话题。因为它是一个私企，所以，需要在国企和外企占有绝对优势的中国市场上证明自己。后来它走出国门，又需要证明自己是一个有实力的、可以为客户创造价值的、可靠的、遵纪守法的企业，是有社会责任的企业公民。

以上内容更多是集团层面的公关，但华为在消费者业务侧的公关也丝毫不逊色，且总能以巧妙的方式挑起社会关注。

余承东无论是对内还是对外都多次强调："我的字典里

只有第一,没有第二。第一是我们的目标,只要不断努力,总有一天我们会成为第一。我们的目标是非常远大的,不要怀疑我们的决心,不要怀疑我们的执行力,不要怀疑我们的干劲,也不要怀疑我们的执着精神。我们虽然很笨,很傻,但是我们很努力、很执着、很聚焦。"

2015年,华为发布了Mate 8,依然是瞄着成功商务人士这类社会精英,除了产品功能方面的营销,其"执念是一种信仰"的营销主题也引爆了社会讨论。如前文中提到的,2015年前后,互联网创造神话的故事冲击着实体制造业,社会上充斥着"寻求风口、跨界颠覆、一夜暴富"的氛围,而真正潜心做研究做实业则被视为一种很傻的行为。在Mate 8的营销主题和当时社会语境之下,华为抛出了"想和这个时代谈一谈"的话题,并展开了四大追问:

(1)坚持是这个时代的奢侈品还是必需品?

(2)浅思考的时代是制造热点重要还是坚持真实重要?

(3)全民都在奔跑的年代,我们何处安放心灵?

(4)用28年来造好国货,还是去海外扫货?

四大问题,直指社会关注点,引起了热议。在话题讨论之间,华为已经将自己坚持的精神完整地传递给了公众,尤其获得了精英人群深度的价值观认同。

华为拥有坚持研发投入、寻求技术突破的执着和始终追求好产品的信念,埋头做事,脚踏实地,孤注一掷冲高端,这种勇夺第一、敢挑战、不怕输的精神在当时那个追求快和浮夸的产业环境中堪称一股清流。另外，值得一提的是，"执念是一种信仰"的内涵和华为集团层面同期强调的"布鞋院士"李小文艰苦奋斗的精神、芭蕾脚的坚持、厚积薄发的价值观非常契合。

这样的案例还有很多。现在看来，华为公共关系经过十多年的摸索，实现了跳跃式的发展。2010 年之前，华为不主动对外做公关传播；2010 年之后，华为拒绝做把头埋在沙子里的鸵鸟，主要解决自我宣传以及和媒体公众关系的问题；2015 年之后，华为着力营造良好商业生态环境，减少公司发展阻力，平衡华为行业霸主形象，主要解决的是行业竞争与合作层面的问题；2018 年之后，华为努力寻找解决世界问题的钥匙，希望解决在东西方冲突之下，华为如何被全世界认可的问题。可见，华为公共关系与政府事务部更加关注公司宏观与长远发展目标，努力为公司未来发展铺路。正如 2017 年 EMT 文件《关于 2017 年公共关系工作要求的决议》强调的：公共关系工作既要解决在运营中的便利化，为业务保驾护航，同时也要在更高层面上帮助业务发展。

企业社会责任

企业社会责任的概念比较宽泛，最早由西方发达国家提出。企业社会责任思想的起点是亚当·斯密的"看不见的手"。古典经济学理论认为，一个社会通过市场能够最好地确定其需求，如果企业尽可能高效率地使用资源以提供社会需要的产品和服务，并以消费者愿意支付的价格销售它们，企业就尽到了自己的社会责任。19世纪以后，工业革命给社会带来生产力飞跃的同时，也加剧了企业间的竞争，逐利的企业在追求规模和速度的时候，会想尽一切办法减少成本、增加收益，生产过程中会无节制地消耗社会资源为己所用，也会产生很多劳工、人权方面的问题。

1975年，Davis 和 Blomstrom 在《经济与社会：环境与责任》一书中，给社会责任下了一个明确的定义："社会责任是指决策制定者在促进自身利益的同时，采取措施保护和增进社会整体利益的义务。"到了20世纪80年代，企业社会责任运动开始在欧美发达国家兴起，一些涉及绿色和平、环保、社会责任和人权的非政府组织以及舆论不断呼吁，要求社会责任与企业生产挂钩，包括环保、劳工和人权等方面的内容。消费者购买产品或选择一个品牌的时候关注点从单一的产品与价格，转向关心产品质量、环境、劳工、人权、企业社会价值等多个方面。迫于日益增大的压力和自身的发展需要，很多企业开始对社会作出必要的责任承诺（包括社会责任），或通过环境、职业健康、社会责任认证等方面满足不同利益团体的需要。

当下，从概念上普遍认可的企业社会责任是指企业在创造利润、对股东和员工承担法律责任的同时，还要承担对消费者、社区和环境的责任。企业的社会责任要求企业必须超越把利润作为唯一目标的传统理念，在生产过程中强调对人的价值的关注，强调对环境、消费者、社会的贡献。但在范围和执行方式方面并没有统一的标准和参照物。

1999年1月，在瑞士达沃斯世界经济论坛上，联合国秘书长安南提出了"全球协议"，并于2000年7月在联合国总部正式启动。该协议号召公司遵守在人权、劳动标准和环境方面的九项基本原则，其内容是：

①企业应支持并尊重国际公认的各项人权。
②绝不参与任何漠视和践踏人权的行为。
③企业应支持结社自由，承认劳资双方就工资等问题谈判的权利。

④消除各种形式的强制性劳动。

⑤有效禁止童工。

⑥杜绝任何在用工和行业方面的歧视行为。

⑦企业应对环境挑战未雨绸缪。

⑧主动增加对环保所承担的责任。

⑨鼓励无害环境科技的发展与推广。

2015年，联合国成员国通过了一项议程，即可持续发展目标，一共有17项，从联合国的层面呼吁全世界共同采取行动，消除贫困、保护地球、改善所有人的生活和未来；期望通过大家共同努力，到2030年前实现可持续发展目标，不让任何一个人掉队。

安南的"全球协议"与联合国可持续发展议程，都为企业行使社会责任提供了方向性参考。每个企业由于对企业社会责任的理解有所不同，在践行的时候也方式各异。

多数公司对践行企业社会责任有几个典型的误区：

（1）理解过于狭隘：认为企业社会责任是有钱企业做慈善，没有和企业经营管理产生联系；认为保护环境就是最大的社会责任，并未从多维度分析和理解哪些社会责任与自己的企业更具相关性。

（2）践行过于表面：容易走两个极端，一种是做了之后恨不得让全天下的人都知道，另一种是精力和资源都投入了不少，却不知道也没有进一步发挥企业社会责任的价值；与自身业务和企业经营割裂，没有形成有效的合力，行使企业社会责任非但没有为公司业务助力，反而变成了负担。

企业社会责任的必要性和价值

1992年洛杉矶南区发生暴乱，当地很多公司和店面受到了打砸和破坏，但60家麦当劳连锁店却得以幸免。这和麦当劳公司通过麦当劳之家开展公益活动以及提供员工就业等活动，促进与当地社区的和睦关系是分不开的。

2008年11月，企业社会责任大会上，通用电气公司董事长兼首席执行官杰弗瑞·伊梅尔特说："企业应当秉持'我们必须承担起比赚钱更大的责任'这一理念，当我们走出迷雾时，它的意义将会变得更加深刻。"

随着商业文明的不断发展，社会各界对企业社会责任的关注度也越来越高。从一些国际调研报告中的数据中可以看到企业履行社会责任的必要性。例如，62%的客户希望企业在社会、文化、环境等社会问题上采取行动，76%的求职者将企业行使必要的社会责任纳入其对雇主选择的考量因素，88%的投资者在投资决策中考量企业的可持续发展竞争优势……企业行使社会责任也逐渐从原来的可选项发展成了必选项。

但是，对于如何开展社会责任，企业往往会面临几个棘手的问题，如：企业社会责任对企业商业成功是否有价值？企业社会责任是不是和核心业务没什么关系？如何计算与衡量投入产出比？直接捐钱做慈善是不是更好……面对这样的疑问，企业首先需要刷新一下对社会责任的认知：

（1）它不是公司的成本和负担，企业社会责任可以在为社会贡献的同时创造商业价值，可以增强市场情感认同、获取消费者信任和喜好、提升品牌形象，进而提升销量及溢价能力，为公司创造收入。

（2）企业社会责任开展不是简单的公益捐助，需要从顶层思考，结合自身业务领域和未来长期愿景，通过商业逻辑规划可持续发展的方向和切入点，进而寻找商业发展机会点。

在践行社会责任方面，企业需要秉持"共享价值"的理念，寻找并利用商业机会，通过满足市场需求和应对挑战，在实现商业价值的同时寻求社会价值。然而，寻找到这个结合点并不容易，尤其在企业有自己深耕多年的产业方向和产品品类的情况下。根据观察，现有企业对社会责任的践行通常有三个阶段：

（1）初阶：在遵循地方法律法规要求的环境和健康安全管理的基础上，辅以独立的公益活动，以被动的开展为主，和业务联动性很弱。

（2）进阶：依托现有业务进行包装、延展性的开展，如产品生产过程优化、材料使用等,并在此基础上开展品牌形象建设和宣传,是有规划、有策略的开展,与企业部分业务相结合。

(3)高阶:将企业社会责任融入公司业务战略,以解决社会难题为方向牵引,在业务布局和产品规划方面充分结合社会议题,与公司业务强结合,全面、系统地开展和行使企业社会责任。

大多数企业还处于初阶甚至在初阶之前的阶段,真正做到高阶的企业少之又少。以我个人的观察来说,华为的企业社会责任处于进阶向高阶迈进的阶段。华为对企业社会责任有着非常务实的理解,清楚地知道企业社会责任对打造友好营商环境的价值,以及在获取消费者信任及情感认同方面可以发挥的作用,并且在整体投入和践行方面有着清晰的策略。

华为对社会责任的理解与实践

华为基本法中有这么一句话描述华为的企业社会责任:"华为以产业报国和科教兴国为己任,以公司的发展为所在社区作出贡献。为伟大祖国的繁荣昌盛,为中华民族的振兴,为自己和家人的幸福而努力。"这里面透露着华为创始人的家国情怀,也体现了华为实事求是的一面。

2007年任正非在上海研究所讲话中提道:"我们是商业集团,只求商业集团的社会责任和利益。不要又是商人又要千古流芳，这才是一个公司的灾难。"

华为在社会责任方面的做法有如下两点。

1. 面向社会每年度发布可持续发展报告

华为从 2008 年开始每年发布企业社会责任/可持续发展报告，并不定期发布可持续发展相关的政策和专题报告，展示华为的可持续发展理念和实践。2008 年华为企业责任报告共 40 页，在报告的开篇管理团队致辞中，华为强调："企业自身的可持续发展是更好履行社会责任的前提。"

报告主要介绍了华为在全球开展的系列企业社会责任主题活动（汶川抗震救灾、优秀学子奖学金计划、促进非洲信息化建设的捐赠活动、华为印度设立"企业社会责任活动基金"等），华为在消除数字鸿沟、保护环境与节能减排、社会贡献、商业行为规范、员工、供应链等方面为社会做出贡献。

13 年之后，从华为发布的 2021 年可持续发展报告中，我们可以看到诸多变化。报告的篇幅已达 120 页，内容相比 2008 年丰富了很多，整体分为六大部分。第一部分主题是可持续发展管理，内容涉及公司获得的可持续发展荣誉与奖项、可持续发展战略及进展、重要事件等；第二至五部分是华为企业社会责任战略的四大主题：数字包容、安全可信、绿色环保、和谐生态；第六部分是附录。对应 2008 年的内容，既有传承，也有丰富和创新。"数字包容"是"消除数字鸿沟"

的升华，背后对应的是华为信息通信这一主业务战略。"绿色环保"和"保护环境与节能减排"是一致的。社会贡献、商业行为规范、员工、供应链这些都囊括在了"和谐生态"主题里面。安全可信是华为这些年一直非常重视的，尤其强调网络稳定安全运行和隐私保护。

另外，除了集团层面每年发布的报告之外，华为消费者业务及其他业务模块也有独立的可持续发展报告，内容也非常丰富。如2021年华为消费者业务可持续发展报告中囊括了信息无障碍、教育与健康、绿色环保、企业责任等多个模块。其中，华为讲述了通过自己创新的产品和技术帮助弱势群体的故事。

时任华为公司董事长的梁华在2021年华为公司可持续发展报告中致辞："华为秉持'开放、合作、共赢'，将可持续发展理念融入公司战略、变革管理、业务流程之中，通过持续的技术创新，携手全球伙伴，助力各国培养数字人才、消除数字鸿沟，促进数字经济可持续发展。"从中，我们不难看出华为对可持续发展的重视程度。华为在集团层面任命了CSD（企业可持续发展）委员会，主要职责是指导公司各级业务组织围绕CSD四大战略制订年度和中长期可持续发展目标，并监督执行情况。该委员会成员由来自人力资源、制造、后勤服务、采购、研发等部门的十余名公司高层组成。

华为董事、CSD（企业可持续发展）委员会主任陶景文在 2021 年华为公司可持续发展报告的致辞中强调："作为一家负责任的企业，我们认为单一追求商业价值的发展模式不可持续，需要在商业活动中考虑创造社会价值，并在实现社会价值的过程中获得新的商业机会，从而形成良性循环，推动联合国可持续发展目标的实现。""我们持续推进可持续发展四大战略：数字包容、安全可信、绿色环保、和谐生态，携手各方共建更美好的智能世界。"

2. 华为可持续发展四大战略的实践

华为可持续发展的四大战略直接对标联合国可持续发展目标。从华为在官网上公开发布的报告中可以看到如下对应关系：

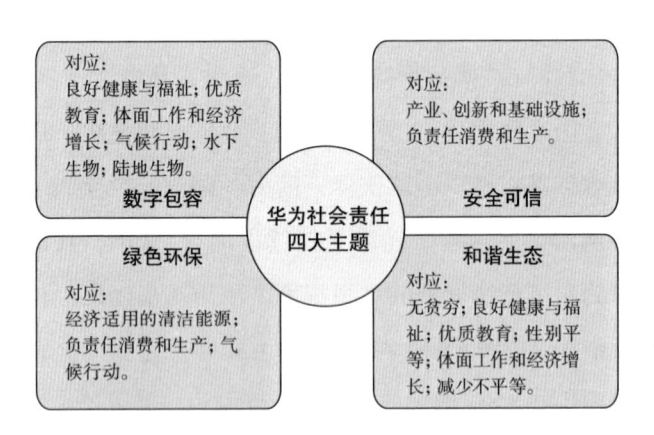

数字包容	华为社会责任四大主题	安全可信
对应：良好健康与福祉；优质教育；体面工作和经济增长；气候行动；水下生物；陆地生物。		对应：产业、创新和基础设施；负责任消费和生产。
绿色环保		和谐生态
对应：经济适用的清洁能源；负责任消费和生产；气候行动。		对应：无贫穷；良好健康与福祉；优质教育；性别平等；体面工作和经济增长；减少不平等。

（1）数字包容：强调的是科技不应高居象牙塔，而要普济天下。为了不让任何人在数字世界中掉队，华为推出了全球数字包容计划——TECH4ALL，聚焦公平优质教育和科技

守护自然，从技术、应用和技能三个方面持续扩大数字包容的成果，最终让数字技术惠及每个人、每个家庭、每个组织。

（2）安全可信：强调的是华为把网络安全和隐私保护作为公司最高纲领，坚持投入，开放透明，全面提升软件工程能力与实践，构筑网络韧性，打造可信的高质量产品，保障网络稳定运行和业务连续性。2018年底，华为董事会通过了一项决定，计划用5年时间投资20亿美元提升软件工程能力，以更好地应对行业共同面临的网络安全和用户隐私保护挑战。

（3）绿色环保：华为倡导清洁高效、低碳循环的绿色环保理念，致力于减少生产、运营等过程以及产品和服务全生命周期对环境的影响，通过创新的产品和解决方案促进各行业的节能减排和循环经济发展，持续牵引产业链各方共建低碳社会。华为2021年使用的可再生能源电量达3亿多度，比上一年增加42.3%。

（4）和谐生态：坚持诚信合规经营，持续加强可持续发展风险管理，关注员工发展和价值实现，对全球供应链开展可持续发展尽责管理，积极为运营所在社区做出贡献，与产业链各方携手共建和谐健康的商业生态。2021年华为的全球员工保障投入达150多亿元人民币，在全球开展400多项公益活动。

在华为可持续发展战略中，最能够和大众消费者建立情感认同的要数数字包容。在这个领域，华为通过 TECH4ALL 的主题以营销的手法去推广这一战略，获得了大众广泛认同。和常规产品营销不同的是，TECH4ALL 更注重事实和结果，通过真实的案例和数据进行呈现。

在 TECH4ALL 主题下，有四个细分主题，分别是：

（1）科技助力教育普惠：强调华为在为人们提供公平优质的教育机会方面做出的努力。如 2019 年，华为携手联合国教科文组织、比利时非盈利组织 Close the Gap、全球移动通信系统协会 GSMA、肯尼亚 CFSK、肯尼亚运营商 Safaricom 等多个合作伙伴共同启动了 DigiTruck 项目，为偏远地区和农村提供数字赋能。DigiTruck 是由卡车集装箱改造而成的移动数字课堂，全车使用太阳能供电，即使在用电匮乏的偏远地区也能授课。学员可在这个由笔记本电脑、LED 大屏、VR 眼镜、智能手机、路由器等智能设备组成的数字空间，通过无线宽带接入互联网，学习数字技能，并体验 VR 设备等创新的教育手段。

（2）科技守护自然：华为持续与环保组织和伙伴开展项目合作，积极探索用 ICT 技术保护森林、湿地和海洋，用科技守护自然。如华为与 Rainforest Connection（RFCx）雨林保护组织开发了一套以华为手机设备为核心的太阳能式雨林监听系统，名为"守卫者（Guardian）"。这些守卫者散布在雨林各地，每套系统负责监听面积大约三平方公里的雨林，将数据实时传递到云端搭载了人工智能系统的服务器中。一旦监测系统发现盗伐异响，比如电锯或卡车声，便会第一时间将具体盗伐定位推送给当地的护林员，帮助他们快速进行搜查，阻止砍伐行为。

（3）科技促进健康福祉：华为开发了具备信息无障碍功能的产品及服务，同时也帮助医务工作者为弱势群体提供便捷的保健服务。例如，针对儿童眼科"看病难、诊断难"的问题，华为联合西班牙 Dive Medical 开展了 Track AI 项目，使用便捷的检测设备可快速识别患有视觉障碍的儿童。该设备运用儿童眼球跟踪技术捕捉眼球轨迹，通过华为 AI 分析视力健康情况。

（4）科技推进均衡发展：华为积极帮助传统行业进行数字化转型，改善高风险人群的作业环境，提升工人们的安全感、幸福感。例如，为改善大山居民的生活窘境，华为通过低成本 AirPON 解决方案助力泰国电信监管机构 NBTC 在清迈山区开展 USO Net 项目，利用当地现有的光纤和电线杆资源一起建设了架在电线杆上的空中机房，为当地居民架起了一座可以接入互联网的"通信虹桥"，缩小城乡数字鸿沟。

丰富的案例，真实的故事，权威的机构背书，华为向公众展现了有担当、可信任的科技公司形象，甚至改变了不少西方社会对中国企业的偏见，起到了很好的软化营商环境的作用。

蚂蚁雄兵之势

在任正非的认知里，企业形象的塑造和产品营销、业务品牌的建设有很大的不同。企业形象的塑造需要更高维度的思考和更细致的落地方式。任正非反复强调企业形象的树立和推广要"春雨润物细无声"，这是企业形象塑造的最高境界。企业形象的塑造要充分彰显企业独特的品格与性格，而这种性格与品格必须来自企业内部员工、外部客户乃至社会公众对每一个细节的真实感知。营销沟通通常是面向外部的，企业员工的行为则是真实、充满温度的，不仅对内感染着周围的同事，这种嵌入在华为人身心和行为中的精神也同样感染着更多华为之外的人——客户、合作伙伴、供应商、大众。

华为落实品牌战略的过程中，强调坚守四条原则：第一，践行华为的持

久承诺;第二,聚焦服务对象;第三,采取差异化竞争优势;第四,给客户/用户最主要的体验方式。其中在第四条强调的最主要的体验方式,其一是为客户创造有价值的产品和服务,其二就是奋斗进取的华为员工。这和华为整体的业务有一定的关系,华为 To B 业务的产品和服务需要华为员工直接去交付,所以早期华为集团层面的品牌战略天然带有一些 To B 属性。奋斗进取的华为员工是华为具备的独特优势,融入公司 DNA 的独一无二的特色和模式,使得他们做生意的方式与众不同,十几万的华为员工在面向客户的过程中,直接呈现了华为特有的精神和品牌特质。华为和出版社合作出版过一套丛书《华为系列故事》,有《枪林弹雨中成长》《厚积薄发》《黄沙百战穿金甲》《迈向新赛道》《星光不问赶路人》《蓬生麻中,不扶自直》《一人一厨一狗》等,讲述的是华为 17 万员工遍布全球,在各自岗位上恪尽职守、不畏艰难、勇于进取的真实故事,有血有肉,是真情实感的流露。这里分享几个我记忆深刻的故事,让大家可以真实地感受一下华为人和华为精神。

坚守岗位的华为人

通信行业和其他行业有很大差异,越是艰难困苦、越是有问题的时候就越需要通信业,特别是在遭遇地震、海啸等自然灾害和其他突发事件时,网络设备制造商的责任与担当就显得尤为重要。多年来，无论在印尼海啸、汶川地震、雅安地震、日本福岛核泄漏还是智利大地震等重大危机时刻，华为的队伍始终向人流的反方向前进，始终坚持和客户一起坚守现场。

2011年3月11日，日本东北太平洋地区发生里氏9.0级地震，继而引发海啸。该地震导致福岛第一核电站、福岛第二核电站发生爆炸和核泄漏事件。核电站爆炸后，西方公司开始撤离，有的公司全体搬到了大阪，有的公司包飞机，连家属带员工全体飞到香港。华为也面临考验，是走是留是一个考验人和组织的问题。

根据时任华为日本代表处代表阎力大的回忆："核电站燃料厂房一个接一个地爆炸，事后知道有三个机组发生了爆炸。政府去救，但又救不过来。当时气氛非常非常紧张，员工也很慌，各种消息满天飞，政府的消息也不及时，没有人知道真实情况是什么样子，也不知道下一刻会发生什么。公司很快意识到了问题的严重性，在这种情况下，我们该怎样应对？怎么协助客户恢复网络？我们的客户需要什么样的支持？都需要我们想清楚。但自始至终我都认为我们不应该撤，我们要负责。"

为了减少员工的恐惧，华为采用了一个折中方案，保留四五十名骨干留在东京，其他人坐新干线去了京都旁边的滋贺县做暂时驻扎。为了稳住团队，阎力大第一件事情就是做出表态和示范，他本人没有撤，家属也没有撤；第二件事情，他用英文写了一封非常长的信，发给全体员工，有情有理地讲述对事情的思考，并强调公司不会不管大家，同时也强调华为作为一个供应商应该承担的责任，以及企业对社会的责任。邮件发出后，马上有日本员工回信，直截了当地在邮件里对阎力大说："我给您鞠一躬。"

时任华为董事长的孙亚芳也前往日本支援，增派人手，沉着、冷静地参加了抢救，继续跟KDDI（日本的一个电信服务提供商）做实验室测试，另外协助软银、Emobile（移动通讯运营商）等，抢通了数百个基站。

这件事让日本客户感受到了华为人共度时艰的精神，极大提升了日本客户对华为的信任程度。阎力大说："这件事起了非常大的正面作用。客户感觉华为这种本地化不是说说的，是真正的本地化，真是跟他们日本人一样，完全是一心一意地跟他们在一起。客户对我们很认可，给我们送了感谢信，现在还摆在日本代表处的会议室里面。"

华为也被更多的日本组织接纳，与日本商公会议所和经济同友会并称为日本"经济三团体"之一的日本经济团体连合会是其中之一。2012年12月，日本经济团体连合会开一年一度的审议员大会，在600多家公司的社长作为审议员参加会议的时候，整个会场只有阎力大一个人是外国人。这种极强的信赖关系，也为华为日后在日本开展业务提供了强有力的支撑。

2015年4月25日14时11分，尼泊尔发生8.1级地震，震中位于博克拉，震源深度20千米。通讯是开展震后救援的重中之重，抢修通讯网络也变成了最迫切的任务。华为尼泊尔代表处服务代表带领华为在尼泊尔的80名工程师兵分两路，冒着余震不断的危险，在地震发生后的20分钟内跑步到达尼泊尔移动运营商Ncell和NT的中心机房，第一时间开展通讯保障工作，让灾区的人们能够第一时间取得联系。

80多名员工，顾不上吃饭，和客户奋斗在一线，连续奋战20余个小时，处理故障、备份数据、抢修通信设备、保障网络基本通畅。在尼泊尔当地最大移动运营商Ncell的抢险现场，当Ncell的CTO高喊其他通信设备商是否在场时，竟无人回应。随后，在场的一位抢修人员突然高喊：华为员工在不在？人群中哗哗举起几十双手……华为的员工默默地以实际行动，执着践行着以客户为中心的核心价值观，并承担着自己的社会责任。

时任华为公司全球技术服务总裁的梁华表示："在任何条件下，即使最极端的条件下，华为都要竭尽全力保障网络的稳定运行，履行华为作为通讯人的天职。这是道义上的责任，它远远超过商业上的责任。"

枪林弹雨中成长

在早期的华为系列故事中，《人生需要有光荣时刻》讲述的是华为员工在伊拉克经历枪林弹雨的故事，作者署名飞哥。故事中的一个员工在去伊拉克之前和我在客户工程部时是同事，在华为坂田基地的培训中心一楼大堂墙壁上挂有华为蓝血十杰、金牌个人等表现突出或代表华为文化的员工的巨幅照片，其中就有他。

2003年3月20日，以英美军队为主的联合部队对伊拉克发动战争，2011年12月18日，美军全部撤出。在这一阶段，美英联军先后在巴格达、巴士拉、纳杰夫、摩苏尔、基尔库克、乌姆盖斯尔等十余座城市展开了激烈的军事行动。

战争摧毁了很多基础设施，当地人民对通信的需求是迫切的。战争打了八年，飞哥从2005年到2011年在伊拉克待了六年。2006年底到2007年初，是巴格达最乱的时候，枪战、爆炸、绑架事件不断。为了安全起见，市场部人员临时搬到了中国大使馆所在的曼苏尔酒店。那段时间，每天早上6点钟左右都是在枪声、爆炸声中醒来的，按照当时一位新华社记者的说法，在房间里就能清晰辨别出窗外激战双方使用的是何种武器装备。偶尔飞过的F18的轰鸣声也会让人感到异常不安。几天后，飞哥正在房间里开电话会议，一发流弹打到阳台上，危险如此之近。

2007年10月,他们邀请伊拉克通信部长去中国参加北京通信展。在去接通信部长的途中,他们遭遇了抢劫,身上的东西连同护照和机票都被抢劫一空,还被歹徒用枪托打破了头,满身是血。后来此通信部长只身一人从巴格达经迪拜转机飞到北京参展。当年,我正好是北京通信展会务组的一员,通常情况下这类客户是需要代表处客户线同事陪同参展的,当听会务组同事说一线陪同客户经理被打劫的事情后,不免对他们的工作环境有所担心,同时也为他们能够在冒着生命危险的情况下坚持在本地建设通信网络而肃然起敬。邀请客户到国内参加展会这类营销活动本来就不易,更何况是像伊拉克这种多年历经战乱的国家。这位没有华为陪同人员的通信部长在抵达了北京之后,我们展会会务组格外关注,安排专人接待并和伊拉克前线的同事保持密切的沟通,最终妥善周密地完成了商务行程,客户也给予了很高的赞誉。

关键时候,华为员工没有撤离。伊拉克战争以后,伊拉克电信公司都不清楚自己在全国的交换机有多少个点,每个点有什么类型的设备,容量有多少,已经用了多少。站址的精确信息也没有,网络的规划、改造等都无从谈起。华为本地团队一个基站一个基站跑,帮助客户把网络图画出来,当他们把规划的骨干传输、核心网、接入网的网络规划彩打出来,交给客户的时候,客户被震惊了。后来,伊拉克通信部主动提出要和华为成立一个联合规划团队,一起致力于伊拉克电信网络建设和长期规划。

一人一厨一狗

任正非在一次接受英国天空新闻电视台记者采访时说："稍后给你一篇我们员工写的文章《一人一厨一狗》，讲的是在印度洋上有一个叫科摩罗的小岛，以前极端贫穷，一天只有一小时能用电；当时我们公司只有一个员工在这个岛上，有一条狗陪他，为了改善后勤生活，又加了一名厨师。"

任正非提到的这篇文章的作者是华为的一名员工，叫叶辉辉。文章最早发布于心声社区，源自华为EMT举办的20分钟平台上一位华为人分享的故事。华为EMT办公会议设立"20分钟"议题，鼓励员工分享工作成就与心得。公司所有员工均可自愿申请成为"20分钟"分享人，每期两名员工，每人分享10分钟，内容以客观讲述自己在华为的真实工作经历为主。当叶辉辉介绍自己来自科摩罗的时候，任正非直接打断了他的话问科摩罗在哪。

2013年年底，叶辉辉加入华为公司还不到一个月，就被派遣到了这个他自己也不知道的国度，那时他24岁。科摩罗是非洲一个位于印度洋上的岛国，位于非洲东侧莫桑比克海峡北端入口处，东西距离马达加斯加和莫桑比克各约300公里。科摩罗是世界上最不发达的国家之一，农业是该国的经济支柱，交通系统很落后，工业基础薄弱，严重依赖外援，生活条件也很艰苦，物资极度匮乏，疟疾和登革热肆虐，每天只有一两个小时有电，而且通信信号很差。用叶辉辉的话说就是一个几乎失联、连吃的都需要发愁的国家。然而就是这样的一个国家，叶辉辉一待就是 6 年，在期间随着业务的开展，华为在科摩罗正式设立了办事处，还配了一名中国厨师，住新楼房后抱了一条小狗看家护院，自此也就有了"一人一厨一狗"的趣事。

2016 年，华为团队在科摩罗这个满是火山岩的小岛上，完成了国家骨干传输网的建设，这也是东南非第一个海底光缆项目。这个项目彻底改变了科摩罗与世界"隔绝"的状态，从此与世界紧密相连。后来华为协助当地部署了 4.5G 网络，科摩罗政府要员不止一次地在公众场合骄傲地宣告："科摩罗是印度洋第一个上 4.5G 的国家！"如今，华为已经成为了科摩罗最受欢迎和尊敬的中国公司，他们在华为经历困难的时候会第一时间出来力挺、支持华为，表示华为是他们永远最信任的伙伴。

对华为来说，艰苦奋斗和以客户为中心的企业文化很好地贯彻到了员工身上，华为内部出现了一批具备企业家精神和强大使命感的人才，他们长期坚持艰苦奋斗，共同构建起强大的组织力，不断为客户创造价值。对于个体来说，华为员工大多数都是寒门学子，他们通过自己的艰苦奋斗，为社会创造财富的同时，也在改变自己的命运，努力过上幸福的生活，他们身上展现着真正的"华为精神"。

员工是一家企业品牌最真实的代言人。像上面这样的案例和故事还有很多。《华为系列故事》讲述的都是个体的小故事，但这些故事拼起来，透露的是华为为社会通信事业做出的伟大贡献，华为19万员工加起来就构成了不可忽视的蚂蚁雄兵。华为之所以是华为，就是因为有一群这样的人存在，打造了这个公司的文化。一个个小故事，凝聚了企业文化的底色，呈现了华为奋斗精神的内涵，也在客户心目中建立起了品牌信任的基座，为长期的商业成功保驾护航。

总 结

一切皆品牌

有个数据说,每个成年人每天要做出 35000 个选择。关于这个数据是否准确,暂时无法考证。但事实情况却是,我们的生活节奏不断加速,每个人生活中接收到的信息和需要做的选择越来越多。高效的决策也变成了我们生活和工作中提升效率的必然选择。当人们从忙于选择到追求高效决策时,品牌建设就发挥起了它的作用,因为它可以促使人们快速抉择。

商业环境中,有的企业靠资源优势占据了产业链的话语权,可以起到垄断市场的作用。在充分竞争的行业中,垄断越来越难,只能靠不断推陈出新,推出有竞争力的产品才能获得市场青睐。产品是品牌的基石,但发展到一定阶段,一个公司最宝贵的财富并不是有形的产品,而是消费者脑海中对这个品牌无形的概念。当产品陷入同质化的竞争,驱动消费者进行消费的正是品牌价值。除了满足消费者的功能性需求,与消费者产生情感共鸣才是品牌成功的关键。在充分竞争行业中,品牌拥有强大的影响力之后,垄断的是用户的心智。垄断和占领用户心智是果，而取得消费者信任是因。

打造一个成功的品牌，比做一家成功的企业要难。一家企业是否成功，主要考量的是经营层面和商业结果。而一个成功的品牌除了经营和商业上的成功之外，还有其社会价值和社会影响力这些更广的维度。一个强大、有影响力的品牌，意味着有足够高的品牌认知度，有足够强的消费者认可度，有基数稳定的用户群体和在某领域领先的市场地位，同时也意味着社会对其价值的广泛认可。正如可口可乐前董事长伍德鲁夫有一句名言所说："假如我的工厂被大火毁灭，假如遭遇到世界金融风暴，但只要有可口可乐的品牌，第二天我将重新站起。"

品牌建设是一个系统且长期的工作，不是一朝一夕能够完成的。华为西欧地区部总裁彭博曾经说过："从 2012 年开始，华为在欧洲前后花了四五年的时间，重建和运营商之间的渠道和信任。建立市场认知、建立品牌认知和渠道间的游戏规则，是最痛苦的几件事。"

To B 业务和 To C 业务的营销虽然在执行手法上有所不同，但在华为的发展历程中，To B 业务和 To C 业务却以互补的方式塑造了一个丰满的华为品牌。

2016 年任正非签发了一封关于品牌建设的内部邮件。邮件的第一部分强调"品牌是打出来的，企业精神与业务品牌要形成优势互补。"文中明确界定：泛网络业务主打"品牌厚度"，做厚百万级泛网络用户（运营商、行业）的忠诚度；消费者业务主打"品牌宽度"，覆盖10亿级消费者，提升知名度和偏好度；而企业精神则主打"品牌高度"，以获得数万精英受众（政府、媒体、学术、科研、协会等社会精英）的战略信任与价值认同。

信任营销是一种方式和思考维度，信任除了体现在营销方面之外，也存在于品牌和消费者接触的各个方面。消费者通过产品、服务、营销、销售、公关口碑、企业社会责任、员工行为等各环节的触点了解、感知并判断一个品牌。

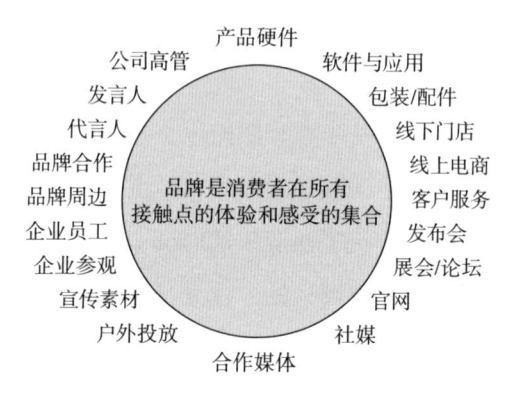

```
             产品硬件
    公司高管          软件与应用
     发言人           包装/配件
     代言人           线下门店
   品牌合作           线上电商
   品牌周边  品牌是消费者在所有  客户服务
   企业员工  接触点的体验和感受的集合  发布会
   企业参观           展会/论坛
    宣传素材           官网
        户外投放      社媒
             合作媒体
```

品牌建设并不是简单地注册一个商标、起一个口号、做几个宣传片，而是企业文化、经营思想、产品创新、诚信服务等多维度的综合呈现。品牌是消费者在所有接触点的体验和感受的集合。任何与消费者接触的地方，都是企业的营销沟通切入点和品牌建设点。在这些点的建设方面我们优先要考虑如何建立消费者的信任感，而不是一味的"王婆卖瓜"或者喊一些空洞的口号。品牌建设需要考虑的因素非常多，在这里我结合自身经验总结了几个关键点与大家分享：两个积累，四个平衡，四个协同。

两个积累

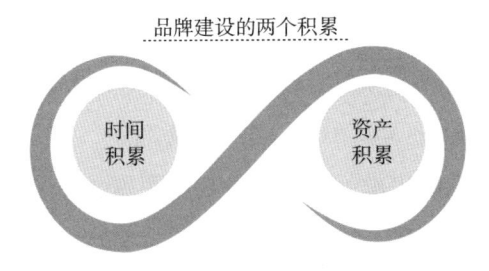

品牌建设的两个积累

时间积累　　资产积累

1. 时间的积累

品牌的生长需要时间慢慢沉淀，容不得一点马虎、懈怠。时间积累构建的是品牌的厚度和信任强度。当今，很多企业迷恋流量，流量逻辑会让品牌逐渐失去自我，且营销成本会越来越高。流量的红利不如品牌的复利，品牌的复利首先是时间的复利。

做品牌需要有足够的耐心。首先把产品做精、做扎实，打好品质的基础；其次是把客户做深，与客户产生深度的联结，提升用户黏性和品牌忠诚度；再有是把市场做透，围绕具体的区域、细分市场和渠道，打透打细，形成高效可复制的模式。要做到这些，无疑需要经历漫长的过程，只有历经时间淬炼，才能沉淀信任，在消费者心中留下深刻的印象，成为人们记忆里的标识。

2. 资产的积累

品牌资产是超越生产、商品的资产，更偏向于是无形的和情感向的资产。大卫·阿克（David A. Aaker）认为品牌资产是能够为企业和顾客提供超越产品和服务本身利益之外的价值。大卫·阿克认为品牌资产的内容包括品牌知名度、品牌认知度、品牌联想度、品牌忠诚度和其他品牌专有资产，如商标、Slogan、VI、专利、渠道关系等。

品牌资产的积累首先也是时间的积累。很多企业一旦换了新的CEO、CMO，或者换了新的代理公司，往往想换一套品牌Slogan、VI、标识等，一方面寄希望于这种变化能改头换面实现升级，另一方面也是一种工作业绩的呈现。然而，这种所谓的新很容易削弱长期积累的核心品牌资产。

例如，当谈及耐克的时候，第一印象就是那个像"对勾"一样的"swoosh"标志，还有就是那句随时可以脱口而出的Slogan "Just Do It"。这是耐克1988年推出的Slogan，作为其品牌的精神主张，一直沿用至今，鼓舞了无数的人。而相比之下，另外一个运动品牌——阿迪达斯虽然商业上也很成功，但在品牌资产方面就比耐克弱很多，大众对阿迪品牌的第一印象是三条杠和三叶草的图形Logo，但它的品牌主张是什么，很多人都不知道，少了感召力和精神层面的认同。

四个平衡

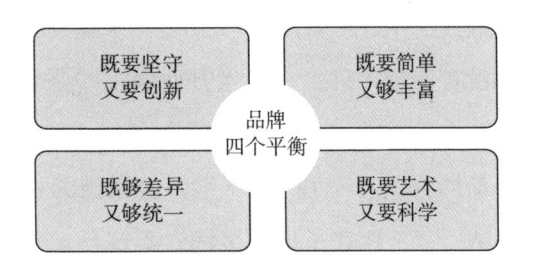

```
┌──────────┐        ┌──────────┐
│ 既要坚守 │        │ 既要简单 │
│ 又要创新 │        │ 又够丰富 │
└──────────┘  品牌  └──────────┘
             四个平衡
┌──────────┐        ┌──────────┐
│ 既够差异 │        │ 既要艺术 │
│ 又够统一 │        │ 又要科学 │
└──────────┘        └──────────┘
```

1. 既要坚守，又要创新

整体来说，战略层面要坚守，战术层面要创新。战略层面包括品牌定位、品牌DNA、核心价值主张、品牌规范，战术层面包括品牌与营销的表达方式、阶段性品牌主题、品牌合作策略、营销策略、创意方式、触达渠道等，以贴合社会语境、文化演进、消费理念的方式寻找最佳方案。

可口可乐的配方和口感是其最具独特性的地方，从1886年诞生就一直坚守到现在，期间在可口可乐一百周年诞辰的时候，创始人罗伯特·武德拉夫的继任者尝试在口味上做创新，新配方上市之后，引来了消费者极大的抵制，后来公司不得不换回了传统配方，之后尽管有其他口味的饮品推出，但这一主打配方和口味继承到现在再也没变过，至今已有130多年历史。除了产品之外，可口可乐长期坚持的还有其品牌DNA、品牌规范等。但在品牌表达和营销沟通方面通过阶段性主题、跨界联名、创意事件等方式做了非常多的创新演绎。

在广告界流传着一个故事,据说李奥贝纳从1954年为万宝路打造了经典的牛仔形象之后,50多年来这种核心思路和形象风格都没有变过,只是在场景方面做了些调整。万宝路的总裁曾对此表示不满:我付了你50年的钱,每年那么多代理费,你们却同样的方案用了50年,这钱赚的也太容易了吧?李奥贝纳回复:你花了那么多钱,不就是让我监督你不要换牛仔吗?正是由于对"牛仔"这一核心元素几十年如一日的坚持,万宝路才成了男人们的首选,成为全球烟草第一品牌。

2. 既要简单,又够丰富

品牌核心定位要简单明了,让消费者能够快速且清晰地记忆企业的性质以及差异化特征。这里说的简单是一种相对的概念,单一产品或者单品类产品的品牌比较容易做到,但对集团化、多元化的品牌来说难度较大。如可口可乐,简单明了到基本成了可乐这一品类的代名词。饮品行业竞争非常激烈,后入者想要获得用户的青睐越来越难,只能从细分赛道中找机会。如红牛的定位是功能性饮料,当消费者需要补充能量的时候第一想到的是来罐红牛。

另外,如前面分享华为发展历程中提到的,华为的早期定位是全球领先的电信解决方案供应商。后面随着ICT时代的到来,华为的定位是全球领先的ICT解决方案提供商。进入 To B 和 To C 全面发展阶段，华为的最新定位是全球领先的 ICT 基础设施和智能终端提供商。华为在复杂的业务领域里，尽量保持着相对简单和聚焦的定位。

品牌核心价值主张要简单易懂，价值主张是品牌 DNA 和精神理念的对外表达。简单的价值主张更容易让消费者理解和记忆。但品牌的内涵和表达方式要足够丰富。耐克的价值主张"Just Do It"读起来朗朗上口，非常容易理解，其强调的是每一个人都可以成为运动员，赞扬每一个人敢于挑战的精神，号召大家想做就做、立即行动，鼓舞人心，充满力量，富有情感。在耐克的广告中，有取得伟大成就的明星，也有平凡的体育爱好者，有年轻人也有老人，有男性也有女性，他们代表自己，但又不只是自己，而是代表那些有相似背景和主张的人们，歌颂体育精神，歌颂每一个敢于打破枷锁的自我。

3. 既够差异，又够统一

此处的差异是对外视角。品牌定位的核心强调的是差异化，品牌需要在激烈的竞争环境和消费者选择过剩的时代，展现出不一样的特质和价值，让消费者有充足的理由快速决策。差异化的源头和核心是定位：第一层是基于品牌本身定位的"差异化"，进而在产品设计、包装、营销手段等方面呈现独特性，让品牌在激烈的市场竞争中脱颖而出；第二层是品牌落地的差异化，最直接地体现在沟通表达方面，同一个品牌在不同的区域、不同的受众方面需要有差异化的落地策略和执行方式。

统一方面,首先需要做到品牌架构统一。当一个企业做到一定程度和规模的时候,很容易冲动去多元化布局产品、品类和业务。如果没有梳理清楚企业的品牌架构,很容易使用同一个品牌盲目扩张,这样的话,极有可能动摇品牌定位,削弱品牌势能。

品牌架构有不同的模式,常见的有以下四种:

(1) 单一品牌模式:一个企业下面所有的业务、产品都使用同一个品牌,这些产品和业务对外呈现的时候可以增加描述性的文字,但不能用不一样的标识和品牌符号。

(2) 母子品牌模式:公司品牌标识或名称用于旗下所有业务,业务本身也带有独立的标识或名称。使用的时候母品牌标识在前,子品牌标识在后,属于母品牌驱动,对外优先强调同属一个集团,同时体现业务差异。

(3) 背书品牌模式:旗下业务拥有各自独立的子品牌和差异化定位,使用的时候,以子品牌为主,母品牌为辅,通过图形、色彩或者字词的形式与主品牌取得关联,以得到主品牌的背书支持。

(4) 独立品牌模式:旗下所有业务针对各自目标市场都拥有独立的品牌设置和定位,不与集团品牌关联,从形象、视觉、Logo、命名上面看不出有任何关系。

在每一个模式之下,还会有与之对应的产品、系列等细分内容。每个企业应该根据自身情况和业务属性、目标人群等进行多维度分析，制订匹配的品牌顶层管理架构，统一管理旗下品牌。品牌架构有别于业务架构和组织架构，是站在用户视角梳理业务关系和产品组合。合理的品牌架构可以帮助企业在拓展不同细分市场时条理清晰地管理多个品牌，对内各自之间良性协同，对外帮助用户清晰感知，进而提升品牌资产价值。

第二层需要做好统一的是品牌规范，每个公司都应该有属于自己的品牌规范，内容包括顶层品牌理念系统、视觉识别规范、空间识别规范、营销沟通语气语调等。品牌规范通常也叫"Brand Bible"。Bible 是圣经的意思，可见品牌规范的重要性。

另外，还要做好统一的是营销框架。相对来讲，品牌规范制定的是至少 3~5 年的顶层要求，营销框架则更强调年度周期内营销沟通的方向、主题和策略方式。很多企业缺少营销框架的概念，容易造成营销分散，无法形成合力，整体投入产出比也不高。业务范围越广的企业越需要营销框架。

4. 既要艺术，又要科学

品牌是企业的外化，企业的业务强调的是内部管理逻辑，企业的品牌强调的是面向受众层面的感性认知。品牌建设需要两层转化：

（1）第一层是由内向外的转化，将内部的业务逻辑、管理逻辑、文化内核巧妙地、艺术化地转化成消费者容易理解的内容，定义品牌、构建品牌。在这个过程中，需要去冗脱敏、去繁就简。

（2）第二层是由理性到感性的转化，将业务语言和工程师语言转化成消费者更容易理解、更容易被触动的感性语言，将品牌顶层定义的内容以艺术化的手法巧妙地表达呈现出来，如品牌主张的设计、品牌活动的策划、营销传播的创意等，这些都是用来产生情感共鸣的要素。如华为采用瓦格尼亚捕鱼人的图去诠释自己战略上的聚焦。

品牌建设是一套系统化工程，它背后体现出来的底层逻辑，是企业需要在一个长远且稳定的目标指引下，分阶段进行各种内部贯彻、营销实施和资源部署的工作。品牌需要科学化管理，科学方法包括品牌追踪、用户洞察、市场分析、健康评估、价值衡量等。

四个协同

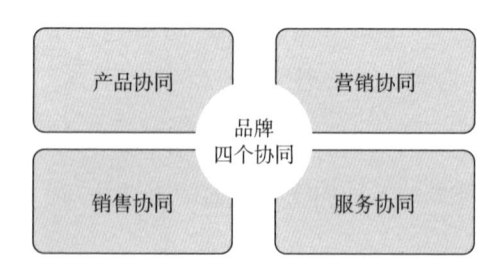

品牌落地需要多维度、全方位，其中最为重要就是消费

者最容易感知的四个环节，产品、营销、销售、服务。品牌需要用品牌化思维去做，去协同这四个关键环节，把那些看上去很抽象的概念、感觉很"理论化"的东西，变得更加直观、更可感知，进而在消费者心目中树立真实可信、毫不违和的印象。

1. 产品协同

产品是根，但产品开发需要结合品牌定位和理念，让产品具备品牌的特质，并能在某一个方面形成差异化的优势，这种优势一旦形成会反向强化品牌定位，让品牌与每个细分领域形成越来越强的关联性，进而有可能在消费者心中成为品类的代表。如果产品与品牌脱节，很容易导致基于销售机会去定义产品的倾向，这种情况下产品越做越分散，很难构建长期的竞争壁垒，同时也会随着产品的增多而模糊品牌形象。所以，企业在梳理品牌定位之后，首先要做的是把旗下各产品的定位梳理清楚，针对不同目标人群和市场。

2. 营销协同

"品牌无定义，营销白费力"。营销手段千变万化，营销渠道多种多样，如何选择和取舍，需要有统一的考量。品牌是营销策划的基础，定义了营销的方向。品牌定义了目标人群，营销需要选择与品牌调性相匹配的营销渠道和合作资源，实现有效的触达。品牌顶层定义了内涵和形象关键词，营销需要用符合品牌调性的手法去演绎沟通，进而让目标人群认知、了解和喜欢上这个品牌，对品牌产生偏好，促进长期转化。脱离品牌定义去做营销，极易分散消费者注意力，无法形成合力，无法有效形成品牌资产积累。品牌与营销的边界最模糊，也最容易协同。

3. 销售协同

销售环节最核心的任务是把客户对产品和品牌的关注和偏好转化成交易。销售人员会以力所能及的方式说服客户做出购买的决定。销售场景的设计以及销售人员的沟通方式都需要符合品牌特质。在数字化技术和互联网方式的推进下，营和销的界限更加模糊，多数企业开始追求"品效合一"，本质追求的是"品销合一"。尤其是当下流量经济和网红经济兴起，很多企业迷恋这种可以即刻见效的方式，为了销量往往会采用打折降价、捆绑销售等手段。"Easy come, Easy go"这种脱离品牌长期价值、过度强调短期利益的方式会极大消耗品牌资产。

4. 服务协同

现在是一个以体验为主、以用户为中心的时代，在产品逐渐同质化的今天，服务成为了企业营造品牌忠诚、获取竞争优势的关键。产品是有形资产，服务是无形资产，狭义的服务是产品售后服务，广义的服务则贯穿在用户与品牌和产品交流的每一个环节，包括购买前、中、后。服务不只是促销产品的手段，企业需要结合品牌特质提供优质服务并融入产品中，在服务中塑造品牌形象，使顾客认同自己的服务，进而认同自己的品牌，这才是服务的真谛所在。未来企业要想在市场竞争中获得更高的客户黏性和收益，就要实现从卖"产品"到卖"服务"的转变。

以上，是我结合自己工作经验从品牌建设维度提炼的关键信息。但品牌的建设远远不止于此，企业时刻要有品牌的思维和意识。一个被消费者认可的品牌，不仅可以监督品质不断提升，还能引导企业加强自身文化建设、树立科学的经营理念、强化品牌意识、提升竞争档次，从靠产品打市场走向靠品牌闯市场。普通的品牌以标识和功能的差异获得消费者的关注、兜售产品；优秀的品牌可以赢得人们的情感与身份认同，在人们的生活中扮演某种角色，在人们的心目中代表某种生活观念、情感；终极的品牌是宗教，消费者与品牌拥有共通的信仰和理念，追求价值观和精神认同。

一切皆信任

在商业领域中，建立信任是企业取得商业成功的关键。取得客户和消费者的信任，可以带来销售与合作机会；取得社会的信任，可以获得广泛认同，减少舆论阻力；取得政府的信任，可以软化营商环境，减少政策阻力；取得员工的信任，可以寻找到志同道合的人，共同为伟大的事业奋斗；取得合作伙伴的信任，可以获得更多的合作资源和能力。

任正非曾在2013年的一次谈话中谈及"品牌的根本是诚信"，强调的也是这个意思。品牌建设是一个长期的过程，围绕品牌定位与特质不断打磨，才能产生惊人的势能。品牌建设的过程，就是不断积累信任的过程，品牌好比"九层之台"，"信任"则是基座。

行业里面已经意识到信任对品牌建设和商业成功的重要性，但对于如何构建一个高势能、值得信赖的品牌，却并没有一套完整的体系。站在消费者角度来看，从常规的商业活动过程中，我们可以看到信任来源于了解、接触与合作。为了便于大家对信任营销有更全面的理解和思考，我结合华为的实践与理论研究，从品牌建设方的角度梳理了"信任三环"的模型。企业的信任塑造需要从导向、承诺和交付三个环节去思考，然后从"正、言、行"三个维度去构建。

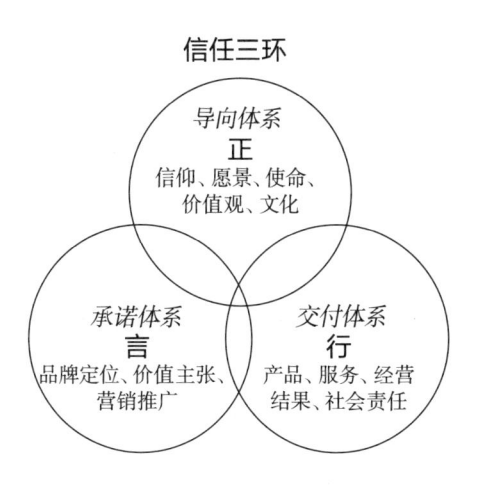

信任三环

导向体系
正
信仰、愿景、使命、价值观、文化

承诺体系
言
品牌定位、价值主张、营销推广

交付体系
行
产品、服务、经营结果、社会责任

导向体系

企业的成功离不开正确的导向。正确的导向可以为企业提供方向，明确长期发展道路，使企业能够更快地发展和取得成功。正确的导向也可以让团队有一致的思维方式和行为准则；如果企业没有正确的导向，则可能会迷失方向，导致资源浪费，并可能导致企业的失败。正确的导向可以让企业更好地了解自己的目标，了解市场和竞争者，并采取最合适的行动来实现目标。它还可以帮助企业在面对挑战和压力时更好地应对，支持企业在竞争激烈的市场中快速成长。因此，企业需要有正确的导向才能把握机遇，发挥优势，应对挑战，并使企业在不断变化和发展的环境中跟上时代发展潮流。

导向体系强调的是"正"，方向要正确，出发点要正，"正"是建立信任的基础。导向体系中主要包括信仰、愿景、使命、价值观和企业文化等。

（1）信仰：信仰是对某种思想、主张或者事物坚定不移的信任或依赖，是个体和组织所有思考、判断和行为的出发点与底层支撑逻辑，是自己观察世界和行动的原则和指引。

（2）愿景：愿景是对企业前景和发展方向一个高度概括的描述与长期展望，是对未来的一个清晰、远大、激励人心的预期和期许。愿景明确了企业未来"去哪里"。

（3）使命：使命是指企业为了实现愿景所必须承担的责任和义务及努力的方向，是实现企业愿景和经营目的的路径。使命明确了企业"存在的理由"。

（4）价值观：价值观是在社会实践和价值概念的基础上，形成的价值观念和价值判断的标准。价值观对于一个企业来说是企业所有人员思考和解决问题的源点及行为准绳。价值观明确了企业"如何去"的做事原则。

（5）企业文化：企业文化是企业在经营实践中，逐步形成的一个群体的行为习性和普遍认同，是集体所遵从的价值观念、思维方式、企业精神、行为准则、道德规范等整体氛围与特有风格。企业文化是解决分歧、管理理念教育以及人才培养的重要基础。

承诺体系

企业的承诺是品牌建设的核心。承诺是企业对于消费者、员工、股东、合作伙伴以及社会的一种责任和义务。企业的承诺来源于品牌对外界的形象、质量和服务的保证。承诺具有引导消费者购买、维护品牌信誉、增强消费者的忠诚度等重要作用。一个成功的品牌需要长时间的建设，承诺是企业在品牌维护过程中不可或缺的一环。企业通过承诺赢得消费者的信任，进而提高品牌认知度、推动发展和壮大市场地位。承诺可以使企业在市场上具有强大的竞争力，帮助企业建立长期稳定的商业关系，使企业拥有更加广阔的市场发展前景。同时，合理的承诺也可以有效地帮助企业降低品牌形象受损、质量问题和售后服务问题等不利因素影响的风险，为品牌保持市场竞争力提供保障。因此，企业需要发挥出承诺的重要作用，并将承诺作为品牌建设和发展的重要核心。

承诺体系重在"言"，通过信息传递的方式让利益相关方和大众消费者快速了解、认知品牌，从而创造合作或购买的机会，这是构建信任的必要动作。承诺体系中包括品牌定位、价值主张和营销推广三大维度，其中品牌定位和价值主张核心强调的是提供什么样的品牌体验和价值给到消费者，所以虽然这两项和信仰、愿景、使命、价值观这些都属于顶层设计的内容,但从消费者角度来看更侧重于承诺体系。

(1)品牌定位:品牌定位本质上是在定义企业要给目标用户提供什么样的综合品牌体验,具有哪些差异化特质和优势,以此构建品牌形象并占领消费者心智。

(2)价值主张:价值主张是指企业结合自身的品牌定位与精神内核,强调带给消费者的意义。企业价值主张所强调的可以是产品侧的功能价值,也可以是品牌层面的情感价值,还可以是品牌对社会和生活的态度与观点,甚至号召。

(3)营销推广:营销推广是基于企业品牌和产品的对外传播、定向沟通等传递信息的方式,渠道包括但不限于企业自有的官网、社交媒体、广告投放以及媒体合作等。

交付体系

承诺只有在实际行动中才能得到验证,具体的行动才是外界对企业考量和评价的基础。交付体系意味着企业付诸实践并兑现了对消费者、员工、股东、合作伙伴及社会的承诺,是给消费者和利益相关人带来的实实在在的利益。交付承诺具有深远的价值和重要性,这样做有助于树立企业品牌形象和信誉,并能够进一步加强企业在消费者心中的信任度。同时,在交付的过程中产品和服务也得到了必要的完善,更好地满足了市场需求。交付承诺还可以建立起企业和利益相关方之间的互信和长期合作的良好关系,为企业未来的发展提供了稳定和可靠的基础。

交付体系贵在"行",要以实际的行动兑现承诺,给消费者、员工、股东、合作伙伴及社会带来真正的价值,从而建立深度的信任,支撑企业更长久的商业成功。交付体系中包括产品、服务、经营结果和社会责任四个重要维度,其中产品和服务是面向消费者的交付,经营结果是面向员工和股东、合作伙伴的交付,社会责任是面向社会和大众的交付。

(1)产品:产品是因,品牌是果。优质的产品是消费者获得核心利益的基本保证,也是建立消费者对品牌的信任和忠诚的前提条件。另外,产品需要有合理且稳定的价格。

(2)服务:消费者在购买产品的同时,也会看重相应的优质服务和可靠的售后保障,完善的服务体系和以用户利益为先的服务模式是除了产品之外的另一个建立品牌忠诚度、获取竞争优势的关键要素。

(3)经营结果:获得健康的经营结果是企业的第一要务,也是对利益相关人的最重要的交付。健康且良好的经营结果有助于在企业内外建立信心,从而可以使企业在更加健康的环境和氛围中长期发展。

(4)社会责任:企业在实现自身利益目标的同时,采取措施保护和增进社会整体利益,是企业社会责任的良好表现,有助于改善企业营商环境并建立广泛的品牌信任。

以上是企业信任塑造的通用框架和逻辑，三环交集越大，信任力越强，如果任何两环出现脱离的话，就会出现信任风险，一旦有事件触发，就会发生信任危机。信任危机是品牌最大的危机。

当然，每个企业因所处行业不同，在具体操作中方式会有一定的差异。在实际应用的过程中，企业还需要结合自身的业务与产品属性，进一步深挖，找到更加具体的信任支撑点，如科技公司除了以高品质的产品作为基础信任支撑之外，还需要拥有领先的技术为信任加分。

在营造信任体系的过程中，企业需要做到系统化，避免散点式的建设和沟通，单一的维度不足以构建全面的信任，消费者对于一个品牌的信任是在全方位的考量和证实之后才形成的。同时，企业需要在其业务运作和决策过程中保持适当透明度，并且与消费者分享其运作细节。消费者会更信任那些透明度高的企业，并更愿意在购买或使用其产品或服务之前了解企业的运作方式。

在当下和可见的未来，全球经济和地缘政治都有诸多不确定因素，商业环境变得比以往更加复杂，各国消费者需求也更加多元。企业在经营方面需要考虑的问题更多，处理问题也需要更加谨慎，在品牌建设和营销方面也需要审时度势，以信任构建为出发点开展营销沟通，强化与各相关方的联结。

参考文献

[1] 黄卫伟. 以奋斗者为本:华为人力资源管理纲要[M]. 北京:中信出版社,2014.

[2] 黄卫伟. 以客户为中心:华为公司业务管理纲要[M]. 北京:中信出版社,2016.

[3] 黄卫伟. 价值为纲:华为公司财经管理纲要[M]. 北京:中信出版社,2017.

[4] 芮斌. 华为终端战略[M]. 杭州:浙江大学出版社,2018.

[5] 田涛. 枪林弹雨中成长[M]. 北京:生活. 读书. 新知三联书店出版,2017.

[6] 田涛. 一人一厨一狗[M]. 北京:生活. 读书. 新知三联书店,2020.

后　记

很早之前，我还在华为的时候，就曾经萌生过写书的想法，感觉想要分享的内容很多，但提笔时又明显感觉到自己的思想不够系统化，主题也不够鲜明，因此写书的想法也就慢慢搁置。我于2019年4月离开华为，后来，看到外界很多企业都在不同程度的学习华为，然而很多时候他们只是学了一个表面，并没有真正的了解到华为背后的逻辑和底层思考，学费交了不少，但不得要领。

跳出华为看华为，让我从更多维度更深入地认识了华为。某次和一位国内知名学者沟通，谈到了行业中学华为的现象和存在的问题，在谈到华为如何构建可信赖品牌形象的时候，我再次受到触动，便又燃起了写这本书的念头。于是，我就抱着总结经验、成人达己的想法，工作之余开始着手写作。

本书内容主要完成于2022年，紧接着到了2023年初，ChatGPT一夜火遍全球，它可以轻松撰写文案、论文，编写代码，甚至通过了谷歌年薪为18.3万美元的编码三级工程师

后　记

岗位面试。在我感叹人工智能发展迅速之时，也不禁有一些失落。在一次聚会中，一位老友还问我："现在 ChatGPT 都可以轻松地写作了，你的书还出吗？"说实话，我内心里是排斥 ChatGPT 的，但身处科技行业的我们也清楚地知道，科技发展的速度只会越来越快，前进的趋势无法阻挡，对于我们个人来说，在科技工具不断升级的时候，最好能够多思考一些事物的底层逻辑。

当下，只追求术的变化而忽略道的逻辑，是很多企业在营销工作中的通病，品牌思想内涵和精神的缺失是中国企业在发展过程中面临的典型问题。疫情之后，逆全球化现象越来越显著，中国企业无论是在国内还是在海外都面临着如何构建可信赖品牌的考验，而且难度大于以前。另外，随着营销渠道越来越多元、越来越分散，营销的难度也在不断加大。多重的变化要求我们品牌和营销的从业者去探究底层逻辑，找到更本质的东西，帮助企业跨越周期，实现长久的商业成功。对此，希望此书可以起到抛砖引玉的作用。考虑到篇幅和时间因素，此书有很多内容并没有详细展开，仅提供了一些方向性的参考，企业性质和所处行业不一样，也会有差异化的打法，希望以后能有机会跟更多的业内外朋友交流探讨。

这本书首先是写给我自己的。"营销""品牌""战略"是我职业生涯的三个关键词，曾经在华为的工作经历帮我打下了基础，给了我足够的视野和学习机会。伴随着华为的发展，我自己也在成长，总结华为也是总结我自己，给自己的经历一个交代。其次，这本书才是分享给营销和品牌从业者的，如果这本书能让大家有一些启发，我就知足了。除此之外，我也想借此书告诉我的孩子Poli："我们可能平凡，但要努力去做有意义的事情。日拱一卒，功不唐捐。"

感谢曾经和现在的领导与同事，在工作中给了我很多学习和锻炼的机会，是你们的优秀让我学到更多。感谢丁哥及一帮老友，给予鼓励和支持。感谢老同学张志军，帮我联系到中国纺织出版社这家国家一级出版社，给我建议，帮我推进。感谢中国纺织出版社编辑团队，认真负责的编辑和校对，保障了本书顺利的出版。感谢我的太太和家人，是你们承担了家里的所有，才使得我有足够的时间和精力处理工作和写书。

本人才疏学浅，文中难免有不足之处，恳请读者朋友批评指正。在写作过程中，我也查阅了大量与华为相关的文章和书籍，但由于时间仓促，有些信息没来得及注明来源，如有不妥请与我联系。如您对里面的某些内容感兴趣，也欢迎进一步与我探讨（个人邮箱76614871@qq.com）。